I believe in the value,
passion
and beauty
in press.

vision
in
press

I believe in the value,
passion
and beauty
in press.

vision
in
press

UNBOX 19

19個 使命空間 的 轉化模式

UNBOX 19
19個使命空間的轉化模式

作者	王緯彬
責編	何雲深
出版	**印象文字 InPress Books**
	香港火炭坳背灣街26號富騰工業中心10樓1011室
	(852) 2687 0331 info@inpress.com.hk http://www.inpress.com.hk
	InPress Books is part of Logos Ministries (a non-profit & charitable organization)
	http://www.logos.org.hk
發行	**基道出版社 Logos Publishers**
	(852) 2687 0331 info@logos.com.hk https://www.logos.com.hk
承印	Offset Printing Limited
出版日期	2023年10月初版
產品編號	IB945
國際書號	978-962-457-646-7

刷次	10	9	8	7	6	5	4	3	2	1
年份	32	31	30	29	28	27	26	25	24	23

基道 BookFinder

印象文字網頁

* 特別鳴謝書中所有提供相片的教會、機構及弟兄姊妹。

目 錄

序一：從「深印神學」到「深思熟慮神學」的實踐貢獻

Howard Stone 在《基督徒的神學思考》一書中介紹了兩種「層次」的神學，分別是「深印神學」（embedded theology）及「深思熟慮神學」（deliberative theology）。「深印神學」應該是每個信徒都有的，他解釋：「這個詞語指我們在家裏、教會和世界以基督徒生活時，深深存在和起作用的神學 ... 它植根（深印）於教會和會友的傳道和實踐。它是基督徒活出日常生活的隱含神學 ...」我和 Ben 是在伯神博士課程的好同學，我們一起開始這神學之旅，在認識他的第一天，我已經發現「空間」與「教會」已植根在他體內，「轉化空間」成為了他的「深印神學」。但具體內容是甚麼？過去幾年，他真的提升到「深思熟慮神學」的階段，他真的能做到如 Stone 所言，要達到此神學階段，需要「以文字表達和認真地反思 ... 對信仰的理解，源自一個小心思考深印神學的信念的過程 ... 尋求盡可能清晰和連貫地闡述信仰的意義。」

他的研究便是非常「清晰」和「連貫」的，透過他的博士論文《重新創造教會的使命空間》，訪問了十間有開放轉化空間的堂會及使命群體，透過三個層次的編碼分析，建立副主題，再整合成為六個主題，構建成為一個稱為「使命空間」（Missional Space）的理論。

若你想認識教會轉化，或你不知甚麼是教會轉化，又甚或你不知教會可以怎樣轉化，此書必定能拓闊你的眼界。因為此書就像一轉化「秘笈」，不單有扎實的神學理論，更有不同的「示範單位」讓你可以參照。既然那麼多教會都能轉化，為何下一間不是你的教會呢？

呂宇俊博士。溫哥華 基督教沐恩堂 堂主任

序二：香港教會醒呀！

因為《教會。空間。轉型》一書，我重新與阿 Ben 連結，拜讀他的大作之後，才發現我們的理念非常接近。我非常欣賞他的著作有清晰的實踐神學理論基礎，再配合實際的例子作案例，同時有層次地列出「使命空間」的光譜，提供一個實踐性高的框架和進路，有助教會好好轉化空間，在急劇改變的處境下，回應上主對教會的使命！過去我一直向不同的牧者和領袖推介他的書，也親身到訪書中的不同空間，深入了解每個空間的人和事，見證神在這些使命空間的奇妙作為！我甚至有幸和阿 Ben 一起去外地探索其他城市的「使命空間」，尋找更多轉化的模式，「UNBOX」更多可能性！

近期我得知，阿 Ben 發現疫情過後，香港教會慢慢復常，漸漸失去渴想改變的動力，又回到過去式的安舒區。眼白白看着教會可能錯過一次更新的契機，他心裡開始著急，並把握機會再出新著作《UNBOX 19》，以 19 個轉化模式去激活香港教會，持續心意更新而變化！

我有幸被阿 Ben 邀請為新作寫序，所以可先睹為快，看畢後深深感受到他的用心良苦和對教會迫切的關愛。每當看完一個轉化模式的篇章，我的感受就好像醫生用心臟電擊器為心跳停頓的病人急救一樣，耳邊彷似聽到「主」診醫生大聲呼叫：「香港教會醒呀！快些活過來！」因此，每看一個篇章，我都停一停，花時間為香港教會祈禱，因為改變不只是頭腦上的認知，更多是聖靈的感動和啟示！期望在此祝福每個讀者，都可以藉此書被聖靈光照，並領受具體可行的方案，找到合適的同伴和資源，合心協力使基督的身體更健康，可以有強健的體魄回應這時代神國的使命！

胡裕勇。U-Fire 總幹事兼創辦人 / The Well 營運總監

序三：艱辛、創新、延伸

實在不能不敬佩王緯彬博士以生命回應召命，擁抱教會轉化更新的熱誠！他從修讀建築系到進入職場掙扎，在失意與尋道的過程中，毅然進修神學，先後取得神學碩士和轉化型領導學博士學位。神讓他看見正在衰弱的香港教會，受到疫情影響甚至被迫關閉場地，彷彿失去空間，無力實踐使命。

王緯彬博士以他建築設計眼光、神學思維及創新實踐，提出教會的空間被閒置，未能有效運用來服待鄰舍，亦限制了自身的使命實踐。因此，他展開了教會、空間、使命三者互動的研究，並且已經出版前書《教會。空間。轉型》，引起信仰群體探討怎樣轉化空間與使命更新，為正在處於低迷的教會輸入一股創新的動力，難能可貴！

奇妙的是，「香港教會更新運動」在這數年間亦關注教會的前景，不約而同發起《2023教會形態發展趨勢研究》，深入了解教會的「變與不變」等因素。就是這樣，神的恩手把我們結連一起。雖然我們各自有不同的研究方向，但同樣關心香港教會的轉化更新。我們互相交換研究與觀察心得，到訪已經轉化空間的堂會進行觀摩，也就著《UNBOX 19》的內容進行深度的交流，實在獲益良多。

這本新書的不同之處，正如王緯彬博士對「UNBOX 19」的解釋，意思是開箱，而「UNBOX」是回應新冠疫情「COVID-19」的衝擊；教會的「使命轉移」是運用「使命空間」為切入點，打開19個教會不同的轉化模式。各個模式都是一個新嘗試，讓我們大開眼界，有其參考價值。

再者，作者將最新的研究成果作出更全面的整合，交代香港教會發展的歷程，為不同概念作出詳細論述及分類等等，讓讀者閱讀時有如穿梭不同空間，探索冒險。全書以實踐神學為進路，從走進現場，到跨科探索與神學思考，提出具體的案例和實踐經驗，延伸應用，十分充實。

深信大家定能在閱讀此書的過程中獲得啓發，看到轉化教會空間、可以如此想像和更新實踐！在此，誠意向你推薦此甚具創意的佳作！

梁國全。香港教會更新運動 總幹事

自序：教會 UNBOX

「耶穌的空間」是什麼？

「使命空間」又是什麼？究竟在哪裏？在教會裏面？在社區？在職場？在家裏？還是在網上？

2019 年的社會運動好像還沒有停止，2020 年頭新冠疫情又爆發。因為公共衛生的問題，當時教會無奈地要順應政府的要求而關上大門，這是開埠以來從來沒有發生過的。因為一次疫情，很多東西都改變了，好像不能回復到以往。其實在疫情期間，無論是在教會的「牆內」或「牆外」，有不少堂會及信徒，開拓了不少新的事工。在「牆內」，堂會開始開放空間，關懷貧窮人，派發防疫物資，與社區接軌，讓有需要的人士可以進來，又動員了不少弟兄姊妹參與事奉，一同進入社區；在「牆外」，雖然有不少信徒離開了堂會，包括很多年青人，但有不少「自媒體」開始在社交平台湧現，他們利用自己的興趣，例如藝術、文字、媒體、音樂、產品創作等，表達他們對教會或社會的不滿。甚至有些弟兄姊妹開始在商業市場，發展他們的夢想或異象，用不同方式實踐他們的恩賜、興趣，例如咖啡、飲食、文化、藝術、運動、零售等，又或者開辦不同的營商空間，不是要刻意地做「營商宣教」，而是開拓一些新的機遇，接觸以往堂會接觸不到的人。有些弟兄姊妹慢慢在外面建立群體，甚至開展宣教和傳福音的工作。

經過這幾年，整個教會的生態環境已發生了莫大的改變，回應社會大環境的變化，現在是一個「新常態」或是聖經所說的「新皮袋」的時代；

而「新酒」是我們的思想文化，需要不斷轉化、更新、重整，才可以有效地配合這個不斷在轉變的「新皮袋」。現在疫情緩和，社會叫我們「復常」，教會又應該怎樣回應呢？神讓疫情發生，一定有祂的美意。在疫情這三四年間，教會飽受衝擊，不少弟兄姊妹，甚至教牧都離開教會。教會已經不再一樣，神好像是叫我們離開以往多年的安舒區，離開熟悉的「耶路撒冷」，去到陌生的「巴比倫」，在一個逆轉的環境下，重新建立新一代的教會，回應當下的需要。我們應借助疫情給我們的動力（momentum），不要錯過神的旨意，把握現時的契機，重拾主耶穌建立教會的使命，改變根深蒂固的內聚文化，轉化更新教會。

13

作為一個名牌大學畢業的建築師，我的職業生涯一點都不順利。二十年前，我被公司解僱，當時經濟很差，科網泡沫爆破、911 恐怖襲擊、非典型肺炎（SARS）接踵而來，我幾乎要離開香港，到其他地方尋找新的工作，重新開始。有朋友建議我試試自己做 freelance，承接一些小型室內設計項目。其實我知道自己本質是一個藝術家，不喜歡社交，更不懂得做生意，又沒有家庭背景，更沒有什麼大客戶，但後來我發現，原來我已經擁有一個全世界最大的客戶，祂又是我的大老闆，祂一早已經為我預備了一切。

當時市面的商業項目基本上是微乎其微，但是原來很多教會在銀行有不少的儲備，準備用來擴堂、植堂、建堂等，配合當時教會的發展，他們藉著樓價低迷而購買物業。我記得當時有教會以現今同區一個普通三房單位的價錢，買到了一間接近一千座位的戲院！我建立了公司，開始接

到不同的教會項目，教會又會轉介其他教會給我，所以每年大中小型的教會項目都能做到十單以上，真正感受到神恩典的奇妙，而公司便慢慢變成了設計教會的專家。

在過往二十年來，我接觸了眾多不同類型的教會。但我觀察到，大部分教會的空間平日都是閒置的，而社區對於空間的需求卻是越來越大。近年來，我見到不少教會鄰近的咖啡廳，全日都聚集不少人，例如學生、年青人、白領階層等，他們買杯咖啡便可以在那裏坐上幾個小時；又見到近年香港出現了不少共享辦公室，如 WeWork，很受斜槓族 (slasher) 或初創的年青人歡迎，成為會員便可以在裏面辦公，是一個建立網絡和參與社群的好地方。我反思為甚麼教會平日閒置的空間不可以採用同一個理念去開放、款待和建立群體呢？因此在過往的十多年間，我都在推動教會共享開放，轉化更新空間，讓社區的人可以參與和使用。

我在 2019 年中入讀伯特利神學院，希望對教會空間作更深入的神學研究，探討教會如何能有效地重新改造空間，開放大門，進入社區，實踐神賦予教會在地區宣教的使命。起初我的研究只有兩個變項 (variable)，就是「教會」(church) 和「空間」(space)。在學習過程中，我找到第三個變項，就是「使命」(mission)，也就是在背後推動教會空間的精神。我在的論文題目是《重新創造教會的使命空間》"Reinventing Missional Space of the Church"，我採用了「建構主義紮根理論」(Constructivist Grounded Theory)[1] 的方式進行質性研究，透過訪問與受訪者共同建構 (co-construct) 理論。我訪問了 10 間已開放轉化空間的堂會及使命群

體，透過編碼分析，整合成為 6 個主題，構建了一個稱為「使命空間」(Missional Space) 的理論。

論文研究發生於 2021 年底至 2022 年頭，現在回想，好像是很久以前的事，因為整個城市都在不斷地變化，特別是這幾年疫情對教會的衝擊，實在是史無前例。我在 2022 年 4 月完成了論文，認為有必要盡快將我的英文版論文，變成一本大眾可以接觸到的書籍，於是在同年 9 月出版《教會。空間。轉型：24 個使命空間的創意實踐》。我深深感受到神恩手的帶領，奇妙地給我開拓了不少機會，讓我接觸到不少有影響力的教會領袖和牧者，又讓我在不同場合和媒體分享我的研究，推動這個「使命空間」的運動。我亦發現，這本書在台灣也有市場，雖然大家的處境有點不同，但有些教牧讀者舉辦了數次讀書會，並邀請我與他們在線上一同分享。2023 年頭，我在亞馬遜 (Amazon) 這個國際平台出版了該書的英文版，名為 *Missional Space: Reinventing Space Inside + Outside of the Church*，中文版則在 2023 年 3 月翻印了第二版，以及推出電子版。

我深信整件事都是神的「kairos」，一個轉化的時間契機。祂要我在疫情封鎖的一段時間內做學術研究，到了疫情緩和的時間便出書，推動教會更新轉化的運動。本來我主要針對堂會的硬件（空間）進行研究，但現在發現軟件（事工、活動等）都要一併處理，彼此配合。在疫情前，推動教會空間轉化是很不容易的，一般堂會都覺得概念上是很好，但落實推動都很有困難，不是人手不足，就是管理上有很多疑惑，或者是有

人反對，但是一個疫情就令教會完全改變了。在疫情這幾年間，我走訪了數百間堂會和不同的信徒群體，接觸的教牧、領袖和同工等多不勝數，絕大部分都覺得信徒流失問題嚴重，制度老化，教會沒有下一代，不改不得。我又見到許多教會都主動開放空間，進入社區，嘗試新型聚會模式，現在真是一個教會轉化改革的大時代！

原本我沒有想過這麼快便要寫另外一本書，但眼見社會開始「復常」，變革的動力銳減，真希望沒有轉型的堂會不要錯失了這個千載難逢的機會！這本書是以「空間」為起點，探討疫情後教會轉化的不同契機。今次雖然包含了部分《教會。空間。轉型》的研究和理論，但大部分內容已經重寫，分析的不再是獨立的案例，而是包含了超過 70 多個在不同教會群體的實踐案例，再整合成為 19 個不同的轉化模式。

「UNBOX」的意思是開箱，而「UNBOX 19」是回應「COVID-19」疫情的衝擊，在「使命轉移」的大時代，以「使命空間」為切入點，打開 19 個教會不同的轉化模式，包括 8 個在堂會「牆內」的，6 個在堂會「牆外」的職場或商業環境，和 5 個另類群體的模式，總共 19 個，回應著不同處境和群體的需要。現在已經不再是以往一個大教會的傳統模式主導，而是百花齊放，不同的模式，讓不同的教會群體可以借鑒，刺激大家的思維，擴闊大家對未來教會發展的想像！

王緯彬博士　Ben Wong
2023 年 9 月

第一部分：使命轉移

PART 1: missional shift

疫情前的教會

教會衰弱

第二次世界大戰之後，國內難民湧現香港，當時教會積極推動各種類型的社會服務，包括教育、醫療、房屋、社關等，回應社會嚴峻的需要。不同地區的堂會多年來都一直平穩地發展，到了 70 年代，政府開始主導社會服務，教會便專注傳福音工作。地區堂會人數持續增長，繼續擴堂、分堂、植堂、建堂等，又開發新牧區、購置新物業等，不斷持續發展。香港教會更新運動（教新）每五年進行一個全港教會的普查，他們稱 2009 年為「成熟」期，2014 年為「維持」期。但在《2019 香港教會普查》中，他們卻形容香港的教會為「衰弱」期，「文化保守不變，成年長者會眾為主流，25–44 歲會眾出走較多，這便是『老弱乏力』的寫照。筆者預見，經過『反修例運動』帶來撕裂，再加上『新冠肺炎』的衝擊，堂會實真是『弱不經風』！」[2] 這描述清楚反映了香港在 2019 年的形勢，以及堂會面臨的挑戰。香港教會更新運動還具體地以圖像說明這個狀況，若情況持續下去，便是教會的「死亡」（見圖 1）[3]。

"The pandemic helps us to see the state of the world rather than to focus on the inside of the church."

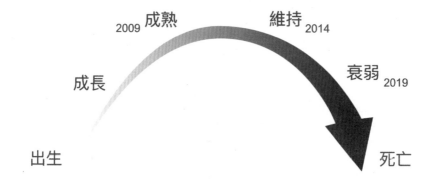

成熟 2009

維持 2014

成長

衰弱 2019

出生

死亡

圖 1：香港教會狀況　　　　　　　　　資料來自「2019 香港教會普查」

政治兩極化

2014 年的佔中運動，加上 2019 年的反送中運動，令教會在牧養上面對
更嚴厲的挑戰，不少信徒因為不同意教會的政治取態而離開。其實 2014
年後，教會已流失了部分信徒。根據一篇名為《香港的屬靈戰爭》的文章
分析，香港基督徒已清晰地分為兩個陣營，分別是支持政府的「藍營」，
以及反對政府的「黃營」[4]。無論甚麼陣營對教會領袖來說都是莫大的挑
戰，究竟如何平衡兩方的意見，同時令他們留在教會繼續接受造就呢？在
這政治取態兩極化的情況底下，出現了「分色牧養」這概念 [5]。

離堂現象

根據柏祺城市轉化中心 2018 年進行的名為《留堂會。離堂會》調查的統合分析結果發現，參加者填寫「基督教」（不包括天主教）為宗教背景比率 (95% 的信賴區間 "confidence interval") 為 20.4% 至 29.3%[6]。《處境劇變下的牧養更新：香港教會研究 2014》資料亦顯示，全港大約只有 5% 的人口出席教會崇拜活動[7]。若把以超過 20% 的信徒與 5% 的出席教會活動的信徒作比較，意味著香港有很多自稱是基督徒而沒有參與教會活動的人[8]。當受訪者被問到為何不參與教會崇拜，或離開教會的原因時，兩類受訪者都回應同一個原因，就是「教會一些做法叫我失望」[9]。

幾年前，社會出現了一個「去大台」[10] 的概念，「大台」代表教會的「權力核心」，「去大台」簡單來說就是去除這個權力核心。很多人視傳統教會的年長的領袖為「大台」，覺得他們老化、倒退、離地，不給予年青一代發聲的機會。以往活躍於教會的年青人，現在不想再參與，便選擇離開。教新《2021 逆轉中香港教會跟進研究簡報》中的數據顯示，關於教會參與崇拜人數，以 2020 年 3 月第二波疫情期間與 2019 年 12 月作比較，雖然參與崇拜的人數相若，但參與崇拜的青少年卻大幅減少[11]，都可能是與社會運動有密切關係。

會友因為疫情被迫要離開「坐」了 20 年、30 年、40 年的長凳，他們的「安舒區」，「站」到堂會的牆外，用一個嶄新的角度重新「看見」自己的堂會和社區。

疫情中的教會

網上崇拜

新冠疫情始於 2020 年初，由於政府實施限聚令，教會無奈地要停止聚會，轉為網上崇拜。《2021 逆境中香港教會跟進研究簡報》中列出，有高達 98.2% 的堂會，在 2020 年 3 月開始轉為網上崇拜，其中最多採用的形式為實時 YouTube 直播，佔 62.2%，其次為錄播，佔 44.8%[12]。柏祺城市轉化中心在 2020 進行了一項有關參與網上崇拜的調查，73.37% 受訪者有參與網上崇拜，其中 65.5% 參加自己教會的網上崇拜，30% 參加其他教會的網上崇拜[13]。根據當時受訪者的回應，80% 至 90% 的人表示，若政府限聚令取消，便會返回自己教會崇拜，但表示將來會去其他教會參與實體崇拜的也有 5% 至 10.9%，而 12.9% 至 18.9% 的人會選擇參加其他教會的網上崇拜[14]。信徒在限聚令取消的情況下，會否返回所屬的堂會，或去其他堂會，或只是繼續參與網上崇拜，成為教會牧者面對的一大挑戰。在網上崇拜時，有很多人會隨時「轉台」到其他堂會，每星期都在不同堂會間流動，加上不再返回堂會及移民外地的人，這情況被形容為教會一個「大洗牌」的現象[15]。

進入社區

教會的空間用量本來已經頗低，因為疫情，教會更要關閉，空間變得更沒有用處，只限同工數人在堂會裏面進行錄影拍攝。教會雖然停止了實體崇拜和其他聚會，但是教會不單沒有倒閉，反而開拓了新的空間領域，就是

疫情對教會的轉化來說，
實在是一個很奇妙的催化劑。

一個以前沒有想像過的，廣闊無限的，可以讓不同時空的人聚集一起的「虛擬空間」。疫情打破了以往只是在大禮堂崇拜的空間，令崇拜變得更有彈性，能夠帶進我們的家裏、辦公室、或其他的空間裏面。

堂會會友因為疫情被迫要離開「坐」了 20 年、30 年、40 年的長凳，他們的「安舒區」，「站」到堂會的牆外，用一個嶄新的角度重新「看見」自己的堂會和社區。其實很多會友多年來都是每星期日到達堂會，崇拜完結便離開，從來沒有在堂會外面的社區活動，對社區全不認識。但疫情令他們看見原來社區有莫大的需要，堂會隔壁原來有劏房、獨居長者、單親家庭、無家者等，十分需要他們的幫助。堂會很快便回應，開始在社區派口罩、防疫物資、日用品等，甚至上門探訪，關顧他們的需要。如此，無形中教會就進入了社區，不再關閉在自己安舒的四面牆內。教新《2021 逆境中香港教會跟進研究簡報》的數據顯示，90.3% 的堂會曾經派發抗疫物資，66.3% 曾經上門探訪，45% 派發超市禮券或食物券，42.8% 作金錢上的失業支援，還有 19.1% 有派飯，而開放堂會空間的則有 27.9%[16]。疫情對教會的轉化來說，實在是一個很奇妙的催化劑。

疫情期間，很多堂會都開始反思，堂會的建築物是否只能用來聚會，還是可以有更多其他的用途，與社區接軌。疫情期間及疫情緩和後，有不少堂會開始開放及轉化場地，讓街坊進來休息、吃飯，學生可以進來做功課，使用教會的 Wi-Fi、電腦等。教會不再局限於星期日的崇拜用途，平日都可以有不同活動的發生，教會與社區的距離更加拉近。

疫情後的教會

運作模式轉變

《2021 逆境中香港教會跟進研究簡報》顯示，超過六成堂會有會眾已經移民、近八成堂會有會眾準備移民，已經移民的人數佔堂會人數 11.3%，準備移民的有 11.4%。受薪教牧轉職亦明顯比以往高，數據反映這情況與教牧退休潮有關。在財務方面，堂會奉獻收入按年減少，收支出現盈餘比率亦逐步減少，而收支出現不敷的比率則維持與 2019 年相約。超過一半堂會預計，收入會繼續減少，而預計支出增加的就超過三分之一[17]。33.3% 的堂會正在考慮或已經有計劃關注《稅務條例 88 條》對堂會的影響；12.8% 會分散或轉移存放堂會資產的銀行；有 7.9% 堂會會縮減人手，將同工轉為半職，以減少堂會的開支[18]。

因應着社會環境和政治氛圍的轉變，有 32.1% 的堂會正在考慮，而有 4.6% 已經有計劃改變現有的運作模式。特別是聚會場所，28.4% 的堂會正在考慮，而有 5% 已經有計劃鼓勵會眾，組織及使用居所作為聚會點，分散或添置聚會點的堂會有 27.6%，轉換聚會場地的堂會有 18.2%[19]。這個只是 2021 年的數據，隨着疫情減退，更多堂會已經落實改變，或正在切實考慮轉變現有的場地運作的模式。

教會 3.0

《教會 3.0：為教會前途升級》(Church 3.0: Upgrades for the Future of the Church) 一書中的作者高紐爾解釋，「教會 1.0」是使徒行傳所描述的初期教會 [20]，他們沒有任何教堂建築物，沒有一個中央的聚會點，或一個固定的聚會時間。他們是非常流動的，滲透社會不同的角落、不同的階層。信徒的信念是凡物公用，所有東西都是共享的，他們是受使命推動，主動地到處宣教，一個「去」(go) 的模式，或可稱為宣教性 (missional) 的模式。

「教會 2.0」始於公元 313 年「米蘭敕令」的頒佈，羅馬帝皇君士坦丁將初期教會由邊緣帶至主流，教會便由地下草根階層的運動，變成了國家的建制組織 [21]。他們開始建築宏偉的教堂，定點於每一個城鎮的中央。教會不再流動，不再滲透在人群裏面；教會不會主動出去，而是等待和吸引人進來；教會是圍繞建築物、神職人員和禮儀而運行，有點像舊約以色列人出埃及時圍繞會幕而生活的模式。「教會 2.0」的模式可說是一直維持到現今我們所認知的一般地區堂會或超級教會，是要吸引人進入一個中央化 (centralized) 的建制，一個「來」(come) 的模式，或可稱為吸引性 (attractional) 的模式。

> "The change to 'Church 3.0' is a shift from a program-driven and clergy-led institutionalized approach of church to one that is relational, simple, and viral in its spread . . . Church is no longer a place to go to, but a people to belong to." [34]

高紐爾解釋，「教會 3.0」是關係式、簡單、有感染力和流動的教會。他重申，教會不再是一個地方或一個建築物等待人進入，而是一群帶著天國福音的人，走進迷失世界，以聖靈去感染世人 [22]。高紐爾強調，宣教使命不是「教會 3.0」的選擇，宣教卻是建立教會的目的。他引用宣教學家 Alan Hirsch 的話，宣教神學不滿足於堂會裏面，相反宣教適用於每個信徒身上，每一個都要成為神國度的宣教士，將神的使命帶入生活的每一個空間領域，並要善用現今世上的資訊、網絡、科技、媒體等，在後現代的社會文化中，用新的模式將福音更有效地遍傳到世界不同角落 [23]。周輝牧師在《到處都是小教會》一書中解釋，「教會 3.0」是要恢復初期教會簡單而流動的模式，沒有神職人員，沒有複雜的架構，以網絡作為聯繫，並提供訓練和支援 [24]。

使命轉移

早在 2006 年，Alan Hirsch 在 *The Forgotten Ways: Reactivating the Missional Church* 一書，他早已經提及到由「教會為中心」到「使命為中心」的範式轉移。他引用 Darrell Guder 的話，上帝是「宣教的」，而教會就是「被差遣的」[25]。在約翰福音 20 章 21 節中，耶穌說：「父怎樣差遣了我，我也照樣差遣你們。」Michael Frost 與 Alan Hirsch 在 *The Shaping of Things to Come: Innovation and Mission for the 21st Century Church* 一書中，稱上帝為「宣教士」(missionary)，將祂的兒子「差遣」到我們的世界，進入我們的生活，進入我們的歷史 [26]。他們建議現今的信徒領袖停止用傳統的模式去辦教會，應該以宣教士的思維去接觸社區，重塑教會群體。

在 Michael Goheen 的 *A Light to the Nations: The Missional Church and the Biblical Story* 描述「宣教使命」為教會的本質[27]，他解釋，「宣教」不僅是教會的一項活動，而是教會存在的基本使命，因為它在上帝救贖世界的計劃中扮演主導的角色[28]。他描述西方的教會為一個主要關注自身內部的機構，教會變得制度化，與當地社會已經脫節，失去了影響力[29]。現在正是時候，教會重拾使命，進入神要其扮演的角色。Johan Reiners 在他的著作 *The Church Out and About: Missio Dei for a Post-Covid World* 中，稱疫情為一個重新審視教會身份、目的和使命的最好契機[30]，他認為，上帝的使命（missio dei）必須在「新常態」下為教會發揮關鍵作用，教會要重新發現其存在的意義，以及教會怎樣與神一起，完成祂在世上的使命[31]。

疫情發生以來，有不少學者分析疫情對教會的影響，其中一位為 Jerry Pillay，他在其名為 "COVID-19 Shows the Need to Make Church More Flexible" 的文獻中，解釋教會從 2020 年頭開始，已經歷急劇的範式轉變，他稱這現象為「使命轉移」（Missional Shift）[32]。根據他的觀察，疫情令傳統教會模式出現了極大的挑戰，教會見到身處的社區有嚴峻的需要，

迫使他們重新發現失去了的宣教使命，教會開始明白宣教使命比教會內部的事務更為重要，以往他們專注怎樣將「世界」帶入「教會」，但現在卻要將「教會」帶進「世界」。以往關注的是「來」，現在關注的是「去」[33]。

過往我們熟悉的世界秩序，無論是政治、經濟、社會文化、人際關係已經不再一樣，現在在我們面臨的是一個陌生的「新世界」，一個「新常態」。有人說新冠疫情為世界帶來一個「大重設」"Great Reset"或"Recalibration"，即是重新對準原本建立教會的使命。有教內人士說，現在是「宗教改革」的時候，就像500年前，古騰堡發明活字版印刷，使《聖經》得以大量印刷，讓大眾能夠直接接觸和閱讀，神的話語便變得普及化。更有人說這是一個「範式轉移」，又或如 Pillay 所指，這是一個「使命轉移」的契機。神讓新冠肺炎這個世紀大疫症進入世界每一個角落，教會

"COVID-19 is a turning point,
a time for a reset, and a time
to consider the calling and
role of the local church." 36

因限聚要關上大門，信徒就無奈地要離開熟悉的安舒區，被迫要去到堂會以外的社區。這不但讓我們從一個嶄新的角度審視我們的堂會，更令我們重新發現堂會所在的社區，見到原來牆外有莫大的需求，我們開始派發防疫物資，重新認識和關心社區的鄰居，明白他們生活的困苦和需要。教會無形中就進入了社區，重拾神賦予教會的宣教使命，這就是「使命轉移」！

疫情令每個國家、城市、鄉村都飽受沉重的影響，不少人都有家人因為感染重症而離世，整個世界都在經歷了巨變，新的生活模式已經來臨。教會絕不能坐以待斃，期望回復舊有模式，而是要向前看，回應當下，重塑及轉型。隨著疫情減退，教會面對不少會友移民、老齡化、青少年嚴重流失、奉獻減少等問題，大家都明白回復以往「舊常態」是不太可能的。於是許多堂會都開始思考架構重整，釋放資源，開放空間，創造一些新型的聚會模式，甚至在堂會以外建立一些新的聚會點來吸納離堂的信徒，及非信徒。更有不少新成立的獨立使命群體以不同的形態模式出現，例如建立職場教會、家庭教會、微型教會等，連結成為網絡，無論是在職場、學校、社區、還是家裏，都可以服侍不同人士的需要。以往以單一崇拜為中心的模式，這幾年神就讓城市中所發生的大事件，將教會以往的舊模式打破，給教會更新轉化的機會，重新開始。

第二部分：使命理論

PART 2: missional theory

「使命空間」的研究

作為一名建築師，筆者的設計工作是用點、線、面來創作，建立一個有形的 (tangible)「立體造型」(form)，立體造型卻形成了裏面無形的 (intangible)「空間」(space)，並主導了其形態和使用方式。神給我們土地，是要我們在這片土地上帶着祂的使命，與祂一起共同管理、創造，建立立體造型，及裏面可以使用的空間。牛津字典定義「空間」為：「一個免費、可用或未佔用的連續區域或廣闊土地。」[37] 其實「空間」塑造了我們堂會裏面的結構、聚集模式、運作模式和人流等。我們來到堂會，坐在那裏，接觸其他人，與他們互動，逗留時間的長短，下次會否再來，都因為「空間」的設計，而對我們的在堂會裏面的行為有莫大的影響，「空間」無形中便塑造了「使用者的經歷」(user experience)。

Alan Hirsch 在 *The Forgotten Ways: Reactivating the Missional Church* 中首先使用了「使命空間」(missional space) 一詞，他説「使命空間」不一定是與教堂建築物相關的空間。他解釋，我們應該進入他們的文化空間領域，而不是期望他們進到我們的。我們應該創造就一些「空間」或「活動」，讓基督徒和非基督徒可以彼此互動，這就是「使命空間」[38]。

"We ought to try and see how we can engage our culture on its own turf (missional), rather than expecting them to come to ours (attractional)... it involves the creation of places and/or events where Christians and not-yet-Christians can interact meaningfully with each other— effectively a missional space." [39]

筆者的博士論文研究中所建構的理論也稱為「使命空間」。筆者採用了「建構主義紮根理論」(Constructivist Grounded Theory) 的方式進行質性研究，訪問了以下 10 間在不同社區、以不同模式進行轉化重塑空間的教會或使命群體：

- 教會／共享空間
- 教會／溫習空間
- 教會／青年空間
- 教會／社區空間
- 髮廊／教會
- 咖啡室／教會
- 溫習空間／教會
- 基層餐廳
- 藝術學校
- 線上線下教會

透過與有關教會的領袖或負責人進行半結構性的訪問，深入瞭解他們塑造空間的具體細節，作出三個層次的編碼分析，包括開放式編碼、選擇式編碼、及理論式編碼，組織副主題，再建構六大主題。「建構主義紮根理論」這種方式，需要研究者作為教會空間的專家參與其中，與受訪者共同建構 (co-construct) 新的理論。機構的六大主題如下：

主題一：實現宣教使命

教會空間閒置

空間是教會最寶貴的資產之一，大部分受訪者都表示教會擁有很多空間，主要在週末使用，平日卻很少有人進來，覺得十分浪費。有樓上教會表示，吸引街上的人進來十分困難，許多大廈又不容許外牆掛上教會宣傳標語或十字架等。

未能實現宣教使命

有受訪者表示，社區對空間實在有莫大需求，無論是休息、約朋友、上網，還是溫習。他們很想成為好管家，但又無法吸引人進來使用教會的空間。有人覺得教會的設計主要圍繞崇拜和其他宗教活動，所以大部分空間都不太適合非信徒使用，同時由於是宗教場所的關係，亦令許多非信徒卻步。有受訪教會表示傳統的空間模式實在很難實行宣教使命，覺得需要有一些中立的空間，成為教會對外接觸的橋樑。亦有受訪者解釋，現今大多數教會已經老化、過時，與社會脫節，無法有效地回應城市當前的需求和挑戰，覺得教會需要轉型。

重塑空間來實現宣教

所有受訪教會都有城市宣教的異象，但認為傳統教會的空間對宣教工作不太有利。他們需要做的第一件事是打開教會的大門，歡迎陌生人自由進出。有一位受訪者稱他們的空間就是對外開放的一個「窗口」，重塑空間就是要讓教會更容易去接觸非信徒。有一受訪者強調，空間不僅是為外面的人開放，也為裏面的人開放，讓教會更容易走進社區，擴闊教會城市宣教的異象。所有受訪者都表示，他們重塑空間的目的只有一個，就是更有效地實現他們在社區宣教的使命。重塑空間是一個幫助教會開闢新的宣教機遇的平台，促進教會以更有效的方式實現、發展上帝的使命。

主題二：有效的重塑空間

吸引的設計

空間設計的成功與否非常重要，包括燈光、氣氛、佈置、傢俬等。
教會應視設計裝修為一個投資，是為將來進入教會的人使用而打造
的，而不是為了教會弟兄姊妹內部使用。多位受訪者強調，設計是
吸引人們第一次進入的原因，亦是他們逗留長短，會否再來或帶朋
友來的原因。特別對年青人來說，時尚、簡約、舒適、乾淨的環境
非常重要，最好是有「打卡點」，讓年青人可以在社交媒體上與朋
友分享他們在這空間的體驗。

有一部分受訪者分享，需要令使用者「喜歡」這裏的設計，「喜歡」
這個空間，「喜歡」空間裏的人。一位受訪者分享說，最初他們沒
有意識到設計的重要性，但由於他們的設計吸引，很多人「喜歡」
來他們的空間。另一位說，在開張之前，花了相當多時間來做設計
和建立形象，包括名稱、商標、品牌等。他們進一步解釋，真人的
生活故事對外面的人來說是最有趣的。因著他們有趣的故事，吸引
了許多基督教和非基督教媒體前來拍攝和採訪，很多看過他們故事
的人亦被吸引到來。

去宗教化

很多信徒也觀察到宗教化的空間會令非信徒卻步，甚至抗拒。大多數受訪者覺得要採用中立和非宗教的設計，讓公眾不會感到不舒服。重塑空間就是要成立一個中立的平台，讓內部和外部，神聖和世俗，信徒和非信徒，都可以找到一個共融的空間。

大部分的重塑空間都有一個獨特的名字，而不會沿用教會原本的名稱和標誌。其中一位受訪者告知，儘管教會和空間在同一個地方，他們刻意隱藏教會的名字，並為空間另起一個時尚的名字。有一位受訪者將教會和空間分開了兩個入口。另一位告知，他們在運作一個純商業的空間，裏面沒有任何宗教告示，而教會只是每星期使用空間幾個小時來聚會。有幾位受訪者稱，有許多次使用者來到，卻沒有意識到空間背後原來是一間教會。他們解釋，空間讓非信徒對教會產生一種新的想像，並打破了傳統神祕不可接近的形象。一位受訪者強調，他們不會在空間內與使用者直接傳福音，確保他們不會感到壓力，可以舒適地使用他們的空間。

地點方便適中

有幾位受訪者告知，他們盡量每天都穩定地向公眾開放，希望與早期教會一樣，天天都可以與使用者互動。空間的位置和樓層都很重要，由於香港地產成本高昂，租用建築物的一樓或地下空間是非常昂貴的，但大多數受訪者都刻意將他們的空間置於大廈的低層，盡可能靠近街道，讓街外的人易於看見，又可減低人們從街外進來的障礙。有一間使命營商的餐廳特別租用了一個地舖，以便途人隨時可以進來找牧師聊天或禱告。另一受訪者特別從同一棟大廈的高層搬到一樓，因為一樓有樓梯直達街上，方便他們服侍的基層年青人進來。

可持續性

無論是以教會為基礎或是營商宣教，空間的可持續性是非常重
要的，能夠保持與使用者穩定接觸和互動。對於一些營商群體
來說，他們需要有一個可行的企業計劃，找到市場的定位，保
持競爭力。有一位經商了十年的受訪者強調，他們必須有專業
技術和足夠盈利，才能在市場上持續地發展。另一位表示，儘
管擁有偉大的願景，亦要持續經營，看見一些善意的信徒創辦
了咖啡室，但最終因為經營不善，在短時間內也要結業。另一
位辦教育的受訪者分享，作為向公眾開放營商的空間，他們覺
得師資和課程的質素是最重要的。

關係建立

大多數受訪者強調，建立關係是必然的，除了在空間硬件上吸
引使用者持續到來使用，也要在軟件上配合，即如何關懷使用
者，與他們建立關係。幾位受訪者表示，在空間中舉行不同的
活動只是聚人的一種方法，但實際上更需要與來者建立友誼和
長遠的關係。一位受訪者提到，他們的空間所打造的環境，讓
使用者感受都有人願意聆聽和關懷，讓他們能夠分享生命，甚
至有機會和他們一同禱告。

主題三：對會眾的影響

空間本身就是使命的信息

大多數的受訪者都認為，建立這樣一個空間並不容易，在過程中有很多
障礙需要克服，如資金不足和會眾的反對等。當空間開放了以後，會眾
便會逐漸轉化，對社區變得更加敏感，又看到教會不再是內聚的，而是
面向社區，慢慢明白教會存在於社區的真正使命，就是要開放、共享、
款待和關懷鄰舍。有一受訪者說，重塑的空間本身就成為宣教使命的信
息，而教會就活在這個信息當中。

空間轉化教會文化

大部分受訪者解釋，突破教會根深蒂固的內聚文化是很難的，但他們認
為，教會的文化必須改變，會眾必須離開他們多年來佔據的安舒區。有
一小型中產樓上教會，只有五六十名會眾，安坐教會長凳許多年。當教
會向社區開放以後，他們見到教會逐漸轉化，並看到鄰居的需要，開始
積極參與教會的不同活動，服侍邊緣群體。這教會在七年間，已經發展
到四百多名會眾，現在中產與基層信徒都坐在一起崇拜。

另有受訪者稱，在討論和準備空間翻新的過程中，令教會領袖和會眾更加團結。起初，一些會眾對空間持懷疑態度，但空間翻新完成和開放以後，他們會在崇拜之後留下來享受這個空間，亦會帶同朋友、家人和同事等在空間內舉辦派對和其他活動。這個空間自然地打開了會眾背後的網絡，讓未信的可以進入教會，這是以前從未發生過的。

空間為服侍平台

幾位受訪者告知，他們的空間已成為服侍社區的平台。其中一位將他們的教會發展成為一個一週七天，從白天到晚上都開放給基層街坊的空間。另一受訪者解釋，空間使他們的教會從一個聚會場轉化成一個服侍平台。他們的牧師聲稱，過往會眾每週只來教會一次，坐幾個小時，參加崇拜和接受餵養便離開。但現在他們回來是為了侍奉神，可能一週回來幾次，空間無形中便將教會的會眾轉化成更有使命感的群體。

空間為差遣平台

其中幾位受訪者解釋，他們的空間已經成為差遣會眾進入社區的基地，例如去不同的學校、公園、或基層家庭探訪等。另一位受訪者說，他們教會不僅是一個服侍平台，又是一個差遣平台，他不希望會眾留在教會，而是鼓勵他們出去服侍社區，甚至叫他們在各自的職場建立營商宣教的空間。

主題四：對社區的轉化

空間與社區互動

所有受訪者都說，重塑的空間可以更有效地吸引社區的人進來，讓他們有更多接觸非信徒的機會。有幾位受訪者甚至分享，在空間內，他們更容易與外來的人分享福音，認為重塑空間為他們帶來一個絕佳的實踐宣教平台。

空間延伸至社區

大多數的受訪者告知，空間幫助他們將視野拓展到教會的四面牆以外，促進他們更有效地進入社區的空間。大多數受訪者表明，他們的使命不限於在室內的空間發生。相反，他們會將影響力擴展到社區，並進到人們的空間建立社群。超過一半的受訪者會定期探訪貧窮家庭、新移民、劏房住客、癌症病患者等。有一位更聘請無家者、戒毒者，在他們餐廳的廚房工作。另一位會在公園和老人院定期舉行崇拜。一位受訪者強調，他們希望讓會眾走出空間，進入社區，他們稱之為「外展式的信仰」。另一位延伸他們的共享自修空間到附近不同的學校，透過社交平台與學生互動。

空間建立社群

大多數受訪者表示，他們的空間已成為聯繫和建立社群的平台，透過提供中醫義診、派飯、英語課程、支援特殊需要兒童家庭等社會服務，吸引了社區不同的人士加入。幾名受訪者為兒童開設課程，又在兒童課程旁邊開設家長興趣班。透過開辦這些課程，讓參與者在空間裏找到同聲同氣的社群。另一位還分享，每週的課程就像的團契小組一樣，當他們成為朋友，便會期待下次見面。

空間轉化社區

幾位受訪者告知，透過他們的空間，他們目睹許多使用者或受惠者的生命得到轉化。一位受訪者看到，他們不僅要滿足受惠者物質上的需要，更要與他們同行，協助他們自力更新和充權。漸漸地許多人信主、洗禮，成為教會的成員。有些人成為義工，參與侍奉；亦有些人成為教會服侍的同工，甚至在他們服務的領域繼續深造，生命得到極大的轉化。

主題五：激勵其他教會

激勵其他教會

幾位受訪者表示，他們的空間已經成為其他教會的「示範單位」，許多教會都前來參觀，除了在設計上可以讓其他教會借鑒外，他們還舉行講座，分享營辦空間的異象。一位受訪者表示，他們的牧師現在正積極開辦課程，教授其他教會領袖如何服侍邊緣群體，很多教會前來參與，並將所學的帶回自己教會，開始類同的服侍模式。

其中一位受訪者聲稱，香港教會正在進行一項空間轉化的「運動」，他認為教會需要建立網路，互相支援。他們亦很歡迎其他教會來參觀，由於他們較早採用共享空間的概念，他們希望可以激勵其他教會，進行類同的空間轉化。

空間成為合作平台

有幾位受訪者提到，他們的空間不再像以往那樣，侷限於教會內部使用，因為他們的國度觀已被改變了。幾位受訪者分享，他們的空間吸引了不少來自其他教會的信徒前來學習，並在他們的空間做義工，一同服侍。另一位受訪者稱，當教會被改造成一個中立的事工平台後，他們驚訝地發現，其他宗派和機構都可以在他們的空間一起服侍，一個國際教會現在定期在他們的空間為基層學生補習英語，又有另一個機構與他們合作進行友師計劃。

另一間教會分享，他們相信「一家教會」的概念，服侍社區不僅是由一間有資源的教會去做，而是由所有同區教會一起合作。他們現正利用教會部分空間作為食物銀行，收集及分發食品和物資，透過教會網絡，輸送到其他有需要的同區堂會。另一位辦學校的受訪者利用他們的空間聯繫了不少鄰近的教會，合作開辦了許多活動。教會介紹學生來參加藝術和音樂課程，他們又會轉介學生回到鄰近的教會接受牧養。他們希望能與更多教會建立網絡，互相合作和支援。

一位受訪者談到，他們曾經在空間裏經營市集，目的是打開教會，讓社區的人知道他們的存在。由於是第一次辦市集，他們便與另外兩間有開放共享空間的教會合作，在連續的週末舉辦市集，共享資源，包括材料、裝飾物，甚至檔主和工作坊等。透過這種形式的合作，每一個市集都吸引了數百人前來參與。

主題六：進入其他空間領域

空間複製和發展

所有參與者都告知，隨著空間的開展，他們產生了更多新的想像，可能跟最初的異象不同，又可能有更新的異象和新的發展方向。大多數受訪者都認為，他們要超越本身的空間，持續發展，並且擴展到其他空間領域，可能是複製，又可能用不同的形態出現。一位辦學的受訪者稱，他們的異象不僅限於一個特定的空間，而是要將他們的模式複製到其他教會，希望能多做培訓教會的工作。

其中一位受訪者告知，他們最近邀請共享自修空間的同學參加夏令營，其中很多同學都信了主，所以決定開辦一間新的學生教會。另一位在過去十年經營髮廊和餐廳的教會，最近亦在附近開辦了一所幼兒學校。有一位正在開辦一間新的餐廳，就當區的需要而製作不同的食品。另一受訪者分享，由於過去兩三年有大量信徒移民離開香港，又無法在當地找到合適的教會，他們仍然繼續參加教會線上崇拜。教會就計劃在不同城市，組織實體小組，如香港的小組一樣，尋找當地的傳道人負責牧養小組成員。

空間延伸到家庭及辦公室

一部分參與者，特別是從事營商宣教的，都鼓勵其他信徒去探索其他空間領域，將空間延伸到家庭及職場的辦公室內。一位受訪者解釋說，他們希望利用自己營商的空間，向會眾展示信仰和工作之間的關係，鼓勵信徒將他們的影響力帶進職場和家中。

空間延伸到社交媒體

有幾位受訪者解釋，社交媒體可以有效地協助宣傳他們的空間，推廣活動，以及創造教會與非信徒互動的新模式。幾位受訪者表示他們在 IG (Instagram) 上有數百甚至數千名追蹤者，社交媒體的影響力和動員能力，比起傳統派傳單或個人邀請更為有效。實體空間又可以和社交媒體互相配合，對推廣宣傳更加有效。

一位自稱為 IG 小編的受訪者分享，她花了很多時間在 IG 平台與追蹤者互動，建立關係。她會定期上載一些有吸引力的照片，有意思的字句或問題，又會在適當的時候，私訊追蹤者，作關懷和網上牧養。這樣就在教會周邊建立多一個新的群體，一個未信的群體。

空間延伸到虛擬空間

疫情下的「新常態」為教會及其使命帶來了新的機遇。疫情期間，大多數教會別無選擇，只能在網上舉行崇拜和聚會。即使在疫情緩和後，大多數教會都繼續維持線上和線下的聚會模式。幾位受訪者談及他們對這個新空間領域的探索，普遍都認為這個領域具有巨大潛力，需要進一步探索。有一名受訪者表示，在疫情爆發前，他們已經在實體空間和虛擬空間同時運作，並建立了一個強大線上線下的平台。疫情期間，他們覺得有需要建立一個媒體工作室來製作他們網上的節目。他們解釋，儘管大多數教會已經恢復了實體崇拜，他們仍然保持大量線上會眾。他們表示不希望線上的參加者只是家庭觀眾，認為有必要與這些人聯繫，建立真實關係。他們目前正在計劃聘請一名「線上牧師」，專門牧養網上群體。

最近很多人都談及「元宇宙」和「元宇宙教會」(Metaverse Church)，
其巨大的潛力是傳統教會不能忽視的。空間轉化不僅是發生在實體空間
裏，也可以發生在虛擬空間之中，教會在新常態下，要不斷轉化更新，
迎合新一代的需求。

未來 FUTURE	MULTIPLICATION 擴展到其他領域	6	The reinvented space continues to multiply missionally, and to extend into other realms of spaces	*Reinvented Space Multiplying and Evolving Missionally* *Reinvented Space Extending into Homes and Office Spaces* *Reinvented Space Working with Social Media* *Reinvented Space Infiltrating the Virtual Space*
影響 IMPACT	INSPIRATION ON OTHER CHURCHES 激勵其他教會群體	5	The reinvented space brings inspiration to other churches and becomes a collaboration platform	*Inspiration to Other Churches* *Platform for Collaboration*
	IMPACT ON LOCAL COMMUNITY 進入及影響社區	4	The reinvented space extends into the local community and impacts the lives of the people outside	*Reinvented Space Interacting with People Outside* *Reinvented Space Extending into the Community* *Reinvented Space Building Community* *Reinvented Space Transforming the Community*
	TRANSFORMATION OF CONGREGATION 轉化教會文化	3	The reinvented space transforms the culture of the congregation to be outward-oriented and missional	*Reinvented Space as the Message* *Reinvented Space Transforming the Church Culture* *Reinvented Space as Serving Platform* *Reinvented Space as Sending Platform*
如何 HOW	EFFECTIVE SPACE REINVENTION 有效改造教會空間	2	The reinvented space is to be well-designed, non-religious, accessible, and sustainable, and is effective building of relationships	*Attractive Design* *Non-religiosity* *Accessibility* *Sustainability* *Relationship Building*
甚麼 WHAT	REALIZATION OF MISSION 實現城市宣教	1	The reinvented space opens up the church and becomes the realization of mission	*Church Space Under-utilized* *Church Space Ineffective for the Mission of God* *Space as Realization of Mission*

圖 2：「使命空間」六大主題　　　　　　　　　　　　　　　　　　王緯彬

「使命空間」的理論構建

「紮根理論」的精神是由地上開始，由底到頂建立六個主題。第一個主題是關於「甚麼」；第二個主題是關於「如何」；第三、四和第五個主題是關於「影響」；第六個主題是關於「未來」（見圖 2）。

香港教會在一星期內的大部分時間都面對很多空間被閒置的問題，亦發覺吸引人進來有極大困難。為了有效地實踐使命，教會必須首先開啟大門，從內向型的模式轉化到面向社區，重塑、共享和發展他們最寶貴的資產——空間，實踐上帝要教會在社區的宣教使命（主題 1）。

為提高空間的有效性，空間的設計要吸引、簡約、舒適，才能受到使用者的喜愛，特別是對年青人，同時要「去宗教化」，令未信者不覺得抗拒。地理位置要方便，並維持穩定的開放時間。空間要有持續性，與使用者保持長期關係。 當使用者繼續返回和參與空間有關的活動，建立有意義的關係就變得更容易（主題 2）。

重塑的空間可以產生三方面的影響。首先是對教會會眾（主題 3），空間令會眾明白教會是開放、共享、以及要款待非信徒的，並要挑戰教會的傳統內聚文化，鼓勵會眾走出安舒區，面向社區，將教會空間轉化為服侍社區的平台，及差遣會眾進入社區。第二是社區的受惠者（主題 4），重塑的空間讓教會得到更多與非信徒互動的機會，令教會的空間超越四面牆，延伸到社區的空間，並協助使用者建立社群，促進關係建立，令使用者的生命得到正面的影響和轉化。第三是對其他教會的影響（主題 5），重塑的空間可以感染其他教會，讓他們前來參觀，領受異象，又是一個跨宗派的合作共享平台。

此外，重塑的空間會持續地複製、發展和演變（主題6），以不同形態在不同空間領域出現，可能在某人的家、辦公室、學校等。在新常態下，重塑的空間可以包括社交媒體的虛擬空間，甚至擁用極大發展潛力的元宇宙空間。

這項研究從三個變項開始——「教會」、「使命」和「空間」，透過「建構主義紮根理論」的方式進行質性研究，讓現今教會可以更加善用閒置的空間，更有效地去實踐城市宣教。正如眾受訪者表明，教會的空間經過改造、更新、重塑，能更有效地接觸社區，建立關係，實踐神的宣教使命。總括而言，研究所構建的理論是：「重塑的空間能有效地實踐神的使命，對教會內外都產生轉化和影響，並持續發展到其他空間領域」，或可以簡稱為「使命空間」"Missional Space"（見圖3）。

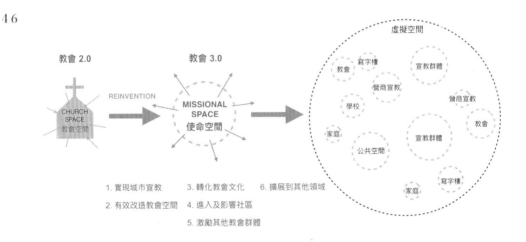

圖3：「使命空間」理論構建　　　　　　　　　　　　　　　　　　王緯彬

第三部分：使命實踐

PART 3: missional realization

A 「使命空間」的光譜

筆者在上一本書《教會。空間。轉型》裏面，提出了一個「使命空間」的光譜，將堂會的轉型空間從保守到進取的不同程度，分為七大類別。有部分堂會將現有的空間改造；有部分堂會為空間注入商業元素，以「營商宣教」或「使命營商」（Business As Mission）的模式出現；甚至有部分脫離傳統堂會的框架，獨立為另類的使命群體。

光譜中的第一類是「沒有改造的堂會」，這是最大的信徒群體，大部分堂會都採用這種保持傳統堂會空間的模式，空間的使用主要圍繞週日的崇拜活動。這些堂會沒有進行任何形式的空間改造，對很多人來說，特別是在堂會多年的人，這種模式仍然有效。

第二類和第三類是「改造部分堂會」和「改造整體堂會」，就是將現有堂會的部分或整體空間進行活化或改造。第四、五、六類是為空間注入商業元素，以「營商宣教」或「使命營商」的模式運作。其中第四類是「營商和堂會一起」，即教會和營商活動在同一個空間裏發生，平日可能是以商業模式運作，堂會隱藏在背後，只在一週中的某些時段使用。第五類是「營商在堂會以外」，可能是由堂會差派出去的，在外面建立的獨立空間，但堂會仍然繼續以某種方式在背後支持。第六類是「獨立營商」，可能是一些不想隸屬任何堂會，或是已經離開了堂會的信徒獨立開辦的。最後是第七類的「另類群體」，他們不一定是營商或教會，可能是一群有使命的人獨自建立，每個都有自己不同的型態或獨特性，某些可能已經發展成為宣教群體或另類教會，各有特定的使命和服侍的對象。

筆者在《教會。空間。轉型》中列出了 24 個「使命空間」實踐的案例，此次重新組織，加入了超過 50 多個不同教會群體實踐的新案例，整合成為 19 個「使命空間」的轉化模式，其中包括 8 個在堂會「牆內」的，6 個在堂會「牆外」的職場或營商場景，以及 5 個另類群體的模式，總共 19 個。

UNBOX 1 至 8 列出現有堂會在「牆內」進行轉化的可能性。基於現時堂會的體制結構，他們想推動轉化更新可能有點難度，但是有不少堂會都已經在實踐或在推行中。UNBOX 1 至 4 列出「改造部分堂會」的模式，如「第三地方」、「一會兩制」、「釋放資源」和「合作共贏」模式。UNBOX 5 至 8 列出「改造整體堂會」的模式，難度更高，阻力更大，需要的時間更長，如「活化空間」、「由內而外」、「持續轉化」和「一家教會」模式。

UNBOX 9 至 14 的模式毋須改變現有堂會的「牆內」的體制結構，弟兄姊妹可以在「牆外」重新建立新的制度和文化，在商業市場建立新的教會群體，例如屬於「營商和堂會一起」類別的 UNBOX 9 和 10，分別是「牆內牆外」和「一點多會」模式；屬於「營商在堂會以外」類別的 UNBOX 11 和 12，分別是「職場網絡」和「創意營商」模式；屬於「獨立營商」類別的 UNBOX 13 和 14，分別是「文化藝術」和「初創平台」模式。

最後 UNBOX 15 至 19 為獨立的「另類群體」，不一定是在堂會以內或是營商的，一般是在「牆外」進行，包括「流散群體」、「城市宣教」、「共居共融」、「心靈空間」和「微型教會」模式。

以下分別列出了在七個類別中的 19 個不同的實踐模式 (見圖 4)：

50

教會 2.0	教會 3.0					
	牆內的使命空間		牆外的使命空間			另類的使命空間
A 沒有改造的堂會	B 改造部分堂會	C 改造整體堂會	D 營商和堂會一起	E 營商在堂會以外	F 獨立營商	G 另類群體
	1/ 第三地方	5/ 活化空間	9/ 牆內牆外	11/ 職場網絡	13/ 文化藝術	15/ 流散群體
	2/ 一會兩制	6/ 由內而外	10/ 一點多會	12/ 創意營商	14/ 初創平台	16/ 城市宣教
	3/ 釋放資源	7/ 持續轉化				17/ 共居共融
	4/ 合作共贏	8/ 一家教會				18/ 心靈空間
						19/ 微型教會

圖 4：使命空間的光譜   王緯彬

以下的 19 章，每一章的論述結構，均是採用《教會。空間。轉型》中，由呂宇俊博士所推動的實踐神學理論所提到的「實踐轉化循環」模式 (見圖 5)，第一步是「走進現場」，首先審視現時外在大環境；第二步是「跨科探索」，分析與議題相關的不同學科文獻知識；第三步是「神學反思」，參考聖經和神學家對議題的回應；第四步是「轉化實踐」，列出不同教會群體的策略和實踐案例；最後第五步是未來的發展，或可稱為「再次走進現場」，重新審視外在環境，再作更新的回應，整個循環是以「螺旋式」的型態出現。

圖 5：實踐轉化循環　　　　　　　　　　　　　　　　　　呂宇俊

B 改造部分堂會

教會 2.0	教會 3.0					
	牆內的使命空間		牆外的使命空間			另類的使命空間
A 沒有改造的堂會	B 改造部分堂會	C 改造整體堂會	D 營商和堂會一起	E 營商在堂會以外	F 獨立營商	G 另類群體
	1/ 第三地方	5/ 活化空間	9/ 牆內牆外	11/ 職場網絡	13/ 文化藝術	15/ 流散群體
	2/ 一會兩制	6/ 由內而外	10/ 一點多會	12/ 創意營商	14/ 初創平台	16/ 城市宣教
	3/ 釋放資源	7/ 持續轉化				17/ 共居共融
	4/ 合作共贏	8/ 一家教會				18/ 心靈空間
						19/ 微型教會

UNBOX 1

不可忘記用愛心接待客旅，
因為曾有接待客旅的，
不知不覺就接待了天使。

第三地方
CHURCH AS THIRD PLACE

走進現場：

疫情之前，很多堂會只是星期日對外開放，平日都是烏燈黑火，大門緊閉，或只是供給堂會的弟兄姊妹使用，堂會的變成了「私人空間」或「私人會所」，絕對談不上什麼「公共空間」，實在是非常浪費資源。堂會與社區關係疏離，甚至沒有接觸，附近鄰居完全不知道堂會的存在。其實很多人會聚集在堂會樓下或鄰近如「星巴克」(Starbucks) 的咖啡室，買一杯咖啡，就可以坐上數小時，約朋友見面、做功課、補習、見客、打機，花費一百幾十元，但也不會考慮進入堂會。他們可能不想與宗教扯上任何關係，又或者是堂會的裝潢老化，與時代脫節，又沒有舒適的位置可以坐下休息，所以大部分人都不會進來。

特別是在疫情期間，因為需要維持「社交距離」，大家的關係變得疏離。疫情緩和，不少堂會開始開放堂會的空間，款待社區的朋友，讓他們能夠有更多實體互動的機會，建立新的群體。

跨科探索:

社會學家 Ray Oldenburg 指出，「第一地方」(First Place) 是「家」，「第二地方」(Second Place) 是「辦公室或學校」，而「第三地方」(Third Place) 是一個讓人在漫長的工作天後，可以與友人暢談和放鬆的地方，可以是酒吧、咖啡室、書店、髮型屋等[40]。他指出，在西方現代城市規劃模式中，人們大部分時間是花在「第一地方」和「第二地方」，相反「第三地方」提供了一個緩衝的社交空間。在這空間不但可以接觸到其他人，並可以認識新朋友，建立新的關係[41]。Ken Carter 與 Audrey Warren 在一篇名為 "Networks and Third Places are Today's Mission Field" 的文獻中，參考了 Oldenburg 的概念，列出了有關「第三地方」的特性:

- 這裏是甚麼經濟和政治背景的人都歡迎的
- 這裏長期有飲品和食品供應
- 這裏的地點非常方便，容易進入
- 這裏的舊朋友經常都在，新朋友加入亦非常歡迎
- 這裏主要的活動是「吹水」
- 這裏的氣氛是「好玩」[42]

早在九十年代，著名咖啡企業「星巴克」已經以「第三地方」作為他們經營的使命，他們宣稱不但要提供好飲的咖啡，並要提供一個讓客人有歸屬感又舒適的社交環境[43]。在北美，有些教會看見信徒流失的情況嚴重，他們開始運用類同「第三地方」的概念來吸納教會以外的人[44]，創辦一些「第三地方」，讓人們可以在「第一地方」和「第二地方」之間找到一個吸引他們留下的空間，包括咖啡室、書店、遊戲室、音樂工作室和共享廚房等，配備了免費 WiFi、音樂、傢俬和舒適的環境。

The Missional Church Network 有一篇名為 "Engaging the Third Place" 的文章，引述了 Oldenburg 書中一個有關美國八九十年代為人熟悉的經典電視連續劇 Cheers 為例子，劇中的角色是來自不同階層，

有藍領、有白領，一班人放工以後就聚在酒吧談天說地，流連忘返。此劇的主題曲最後一句歌詞最能反映「第三地方」的特性：「這處每個人都熟悉你的名字」（where everybody knows your name）[45]。此文章分析了人類與生俱來便有「社交」的需要，提倡教會應如「第三地方」一樣，向人們提供一個舒適的空間，建立社群和關係，分享生命[46]。這令筆者聯想起香港多年來都有一個「第三地方」，就是商業電台的長壽廣播節目《十八樓Ｃ座》，由 1968 年開始首播，圍繞「周記茶餐廳」的老闆、員工，以及經常光顧的，來自不同階層的街坊和客人，每天在茶餐廳聊天、對話、回應社會，這就是「第三地方」的精神。

我們款待的能力與否，就反映了教會的健康狀況。

神學反思：

以色列人是上帝的選民，上帝賜給他們應許之地。當他們佔領了這片土地之後，上帝要他們去學習如何「款待外族人」（利未記 19:33、申命記 10:13、24:17、24:19），並提醒他們從前如何在埃及成為奴隸的悲慘經歷（出埃及記 22:21、23:9、利未記 19:33、申命記 10:19）。上帝的心意是希望以色列人不要欺壓外族人（出埃及記 22:21–22），更要帶著祂的公義去關懷孤兒寡婦，給予陌生人衣著與食物（申命記 10:18–19）。以色列人要把愛帶給外族寄居的，讓他們融入猶太文化與信仰，向他們展示上帝的憐憫，讓他們接受上帝的愛。舊約神學家布魯格曼（Walter Bruggemann）稱，陌生人就是「那沒有位置的人」（people without a place），他在《土地神學：從聖經信仰看土地的賞賜、應許和挑戰》中指出，作為「著地」（landed）的以色列人，土地的使命就是要款待那些「無地」（landless）的人，特別是那些貧乏的（出埃及記 23:6、申命記 15:7–11）、陌生的（出埃及記 21:21–24、23:9）、寄居的（申命記 10:19）、孤兒寡婦（申命記 24:19–22）、利未人（申命記 14:27）等。他們因為沒有土地，沒有無權利，也沒有尊嚴，所以擁有土地的要因著上帝的愛，去款待和關顧那些沒有土地的人 [47]。

耶穌在他的傳道生涯中經常受到款待（馬太福音 13:1、13:36、馬可福音 1:29、7:24、9:33、11:11、14:3、路加福音 7:36、8:3、10:38、14:1、14:12、19:5、約翰福音 4:40、12:1），其中有些是祂主動要求的（路加福音 9:51、11:5、14:12、14:15）。耶穌差派十二門徒（馬可福音 6:8–11）和宣教的七十人（路加福音 10:1–12），耶穌向他們解釋，接待他們的就是接待差派他們來的人（馬太福音 10:40、約翰福音 13:20）。

耶穌作為一個陌生人來到這個世界（馬可福音 12:1–12、約翰福音 8:14、8:25），意味著世界對他的敵意（以弗所書 4:18）。信徒在世上也同樣地變得陌生（約翰福音 15:19、16:14–16），變為寄居的客旅（彼得前書 2:11）。希臘文 ξέν-（xen–）是「外族」的意思，意味著是「客人」，也可以是

指「主人」（羅馬書 16:23）。路加福音 10 章 25–37 節中的「好撒馬利亞人」的故事提醒信徒，要成為弱者和邊緣人士的好鄰居。原文使用 φιλοξενια (philoxenia) 一詞，意思是要對陌生人有愛，有好客款待的心。耶穌在馬太福音 25 章 35–36 節中說：「因為我餓了，你們給我吃；渴了，你們給我喝；我作客旅，你們留我住；我赤身露體，你們給我穿；我病了，你們看顧我；我在監裏，你們來看我。」

在初期教會的歷史中，款待是傳揚福音的一個極重要模式。保羅吩咐信徒對陌生人要殷勤款待（羅馬書 12:13），不要忘記用愛心接待客旅（希伯來書 13:2）。彼得前書 4 章 9–10 節提到，有接待的機會是上帝給信徒的禮物。作為教會領袖，必須有願意款待人的心（提摩太前書 3:2、提多書 1:8）。還有很多在初期教會實踐出來的款待，如保羅的（使徒行傳 16:14、17:5–7、18:7、18:27、21:4–6、21:8、21:16、28:7、羅馬書 16:1、16:23、腓利門書 22），彼得的（使徒行傳 10:6、10:18、10:32、10:48），以及其他使徒的（約翰二書 10、約翰三書 5–8）。

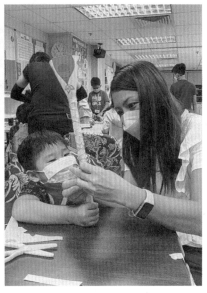

實踐案例 1:

疫情期間社區有很多需要，特別是基層家庭或劏房戶，家裏空間實
在很小，一家人每天要困在四壁內。學生要在家裏上網課、溫習、
做功課，卻沒有電腦或足夠的 Wi-Fi，或許要用手機上網。有堂會
便開放空間，讓學生上來免費使用堂會的電腦和 Wi-Fi。亦有堂會
倡議 24x7 的理念，開放堂會，特別是下午放學以後，歡迎學生使
用堂會的場地，做功課、休息、約朋友、打機、吃東西、聊天、打
乒乓球等。他們有一些像便利店的雪櫃和貨架，提供不同的飲品、
杯麵和零食等，都是免費的。他們向使用者解釋，有人已經為他們
付了錢，但亦鼓勵使用者付錢來祝福下一位的朋友，灌輸款待分享
的價值。堂會建立這個「第三地方」，目的是要創造一個可以留下，
又可以「hea」（悠閒）的地方，凝聚不同的群體。

實踐案例 2：

有不少堂會處於商廈的高層，做社區工作有頗大困難，亦吸引不
到「街客」(walk-in) 進來，而且晚上進入大廈需要登記，要新朋
友到來很不方便。疫情前，有堂會見到有一樓單位出租，便籌備
搬遷及裝修，剛好配合到疫情爆發。堂會更將名字隱藏，另外改
了一個比較中性及時尚的名字，配合新的 logo 和裝修，盡量減
低宗教的感覺，令非信徒來到，亦不會感到不舒服，也就是「去
宗教化」或「去堂會化」的理念。牧師認為，特別是新來港人士，
對宗教頗為抗拒，但是作為教會，應該款待所有人，不應將他們
拒之門外。牧師又解釋，弟兄姊妹以往回來都是坐着聽道，但堂
會建立這個新的空間後，他們回來便更有動力，更多參與事奉。
他們又採用「社區客廳」的概念，開放空間給社區人士使用，無
論什麼時間，什麼人士，都無任歡迎，又為基層家庭提供托管服
務，以及學生的自修空間。堂會空間不再浪費，反而成為社區的
一個聚腳點。

"Third Place" is the place "where everybody knows your name!"

實踐案例 3：

有不少堂會重新裝修部分空間，添置一些時尚的傢俬，讓新來的朋友可以找到舒適的位置坐下，不要像以往的摺檯摺凳，有人來用才打開，感覺很臨時，又坐得不太舒服，可以說是「趕客」。有些會堂將空間分為「嘈區」和「靜區」，「嘈區」一般會有一個開放式廚房，方便聚集、閒談，又可以開辦咖啡班、烹飪班、烘焙班等，吸引社區的青少年、家庭、婦女、長者前來等。「靜區」有舒適及光猛的位置，可以給學生溫習和做功課，有免費 Wi-Fi，又有房間給他們作小組討論、打機等。以往這類型的空間稱為「自修室」或「閱讀中心」，聽起來感覺很上一代，但是現在稱為「共享溫習空間」(co-studying)，裝修時尚，外面很流行，吸引不少學生，凝聚不少年青人，這個「第三地方」，成為堂會外展和款待的窗口。

未來發展:

與以色列人一樣, 教會是要實踐耶穌的教導, 讓擁有的土地成為照顧鄰舍、客旅和邊緣群體的地方, 並在土地上促進和實現正義和平等的天國價值[48]。堂會坐落於社區的使命, 就是要善用土地, 歡迎和照顧社區的鄰舍, 特別是弱勢群體和貧困者, 讓他們參與使用教會的空間。「第三地方」的精神是款待, 大門要常開, 地點要方便, 每次來到都有熟悉的面孔, 新朋友來到亦無任歡迎, 有食物和飲品, 有免費 Wi-Fi, 又有舒適寬敞的環境, 可以做自己喜歡的事, 最重要的是要「去宗教化」, 不要讓人有「信耶穌」的壓力, 慢慢建立了關係才傳遞福音。

筆者認為, 在疫情前要求堂會開放是很難的, 總是有藉口令堂會不能開放。但經歷了疫情的衝擊後, 大家開始明白堂會其實是一個「公共空間」, 需要與社區接軌和共享。不少堂都重新審視現有空間的用途, 甚至進行改裝活化, 令堂會可以更吸引社區人士進來使用, 推動「第三地方」的發展。疫情除了釋放堂會的「第三地方」, 其實不少「第一地方」和「第二地方」亦同樣得到釋放。

UNBOX 2

沒有人把新布補在舊衣服上；
因為所補上的反帶壞了那衣服，
破的就更大了。
也沒有人把新酒裝在舊皮袋裏；
若是這樣，
皮袋就裂開，
酒漏出來，
連皮袋也壞了。
惟獨把新酒裝在新皮袋裏，
兩樣就都保全了。

一會兩制
CHURCH WITH NEW PARADIGM

走進現場：

經歷了這幾年社運和疫情的衝擊，不少家庭先後移民離開，堂會變得老齡化，甚至出現斷層。年青人亦不斷流失，傳統制度的堂會，特別是歷史悠久的，不能照顧到他們的需要，很難令他們繼續留下。大家都開始明白，是時候要大動作轉型，甚至作結構性的變革。然而在現有的體制下，堂會轉型非常困難，就算是主任牧師牽頭，都會有一定的阻力。一般堂會執事會的角色是要維持現有制度，令堂會平穩發展，要推動大規模的轉型有一定難度，加上會眾會有不少反對的聲音。即使大家能夠同心協力，都需要有毅力的領袖帶領，和頗長的時間籌備，實在是一件很不簡單的大工程。

跨科探索：

Mark E. Tidsworth 在 *Shift: Three Big Moves for the 21st Century Church* 裏強調，大部分的教會領袖仍然是以上世紀的制度去管理 21 世紀的後現代堂會[49]。Mark Deymaz 在 *The Coming Revolution in Church Economics* 一書中解釋，美國大部分堂會現有的制度，只是適合人口中的 40% 或更少的人，所以有 60% 或以上的人口都是完全不適用的，他們不可能融入現今堂會的體制。他又引用 John Maxwell 一個類同的說法，因為堂會制度僵化，估計 53% 的人口是完全不會考慮進入教會的[50]。許多本地堂會的體制都是參照北美上世紀的模式，所以其實堂會潛在深層次的問題，就是只能服侍一小群人，或上一代的，而大部分的人是完全不合適的，堂會必須進行結構性的改變，或是範式轉移，才能迎合 21 世紀堂會的需要。

高紐爾解釋，「教會 1.0」是使徒行傳中的初期教會，是一個運動，一個流動的群體，沒有任何制度和規範。「教會 2.0」在第四世紀出現，羅馬皇帝君士坦丁開始建立制度，並將教會限制於特定的教堂建築物

內。教會本來是一群人，是基督的身體，卻由無型態的地下群體，變成有形的、可見的，中央管理制度化的組織。初期教會沒有專用的建築物，但基督教成為羅馬國教後，就在不同城鎮的中心建造教堂，慢慢信仰的焦點便轉向「神聖」的教堂建築。由於大多數的公民都是信徒，他們的生活和活動都變成圍繞著教堂而發生，而建築物的設計是要建立中心點，讓人們遠遠就可以見到，吸引他們進來。Michael Goheen 聲稱，隨著基督教變成國教之後，初期教會最核心的「宣教使命」便開始消失，教會不再關心宣教，而變成關注其內部事務的管理[51]。

Frost 與 Hirsch 解釋，基督教世界（Christendom）將初期教會，從一個充滿活力的宗教革命運動變成了牆內的建制[52]。直至今天，大部分的堂會仍然活在這建制模式底下[53]。Missional Network 的創辦人 Alan Roxburgh 認為，在後現代的社會和文化中，教會應該摒棄不合時宜的基督教世界制度[54]。教會越大，制度化需求就越大，管控成為其精神的所在[55]。現今許多教會的牧師和領袖，花了大部分時間開會，做繁瑣的行政事務，而剩餘很少時間做真正宣教、牧養及關懷的工作。

神學反思：

在馬太福音 9 章 15–17 節，耶穌叫我們不要把「新布」補在「舊的衣服」上，因為新補上的會破壞了「舊的衣服」，破的位置便會更大。祂又叫我們不要把「舊酒」放入「新皮袋」裏，或是將「新酒」放進「舊皮袋」裏，因為「舊皮袋」已經完全膨脹了，變得僵硬，不可能再靈活伸展，放進「新酒」只會令「舊皮袋」裂開，酒便會漏出來，酒跟皮袋兩者都無法保存。但是倘若將「舊酒」留在「舊皮袋」裏，而「新酒」就放進「新皮袋」裏，酒跟皮袋兩者都得以保存。

路加在使徒行傳中解釋，「舊皮袋」就是當時的猶太教會，及其僵化的傳統、規範、法則、禮儀和人事關係等，耶穌到來就是要打破這個體制，將聖靈澆灌在新約信徒身上，他們便成為了「新酒」，需要有「新皮袋」去盛載他們，絕不能放回「舊皮袋」，與「舊酒」混在一起。到了今天，「舊皮袋」就如疫情前「舊常態」的外在環境，和以往教會的建制體系、傳統架構、法規、禮儀等。經歷了疫情，「新皮袋」或「新常態」的大環境已經臨到，教會需要回應及更新，變成「新酒」，擁有新的思維和文化，才可以適當地配合這個「新皮袋」。若將「舊酒」放進去，不可能共融，亦無法有新的突破和發展，是需要有「新酒」來配合「新皮袋」，即是以新的思維與新的常態彼此配合。

"The expression of 'church' in the world is changing. Congregations are experimenting with different ways of engaging their communities with the good news of Jesus Christ. Often these new forms of engagement look very different from Sunday morning worship." [56]

實踐案例 1：

在疫情開始緩和時，有大堂會開始嘗試一個新模式，在星期五晚上開辦有創意的新型態崇拜聚會。聚會模式比較簡單、舒服、沒有壓力，聚會後信徒有互動、相交及服侍的時間。他們每週邀請不同的講者，有不同的主題，利用社交平台來推廣，吸引一些不認識而離開了堂會的信徒，甚至非信徒前來參加。他們開辦了數月，參加的人數過百，有七成都是新來的朋友，只有部分是自己堂會的弟兄姊妹，由舊體制過來服侍或參加聚會的。負責的傳道人解釋，主任牧師已經與執事會達成共識，在新常態下需要作新的嘗試，建立一個新的制度，獨立管理和營運。他們開始建立團契小組，不排除將會發展成為一個新群體，亦不需要他們回到舊體制內。

實踐案例 2：

有不少堂會開始更新青年聚會，加入一些興趣活動，並移師到其他非宗教或商業的空間，如餐廳、辦公室、畫廊或共享空間等，不一定在自己堂會裏進行，減低對離堂者或非信徒進入的門檻，回應新一代的需要。有中小型堂會在疫情後期展開了一些創新的聚會，以在職信徒關心的議題，或一些興趣活動吸引他們，使用社交平台吸引堂會以外的新朋友到來，其中有不少都是離開了堂會的弟兄姊妹。聚會包括新型的敬拜，透過當天的主題或活動作信息分享，亦有禱告和互動的時間。教牧慢慢會去認識這些新來的朋友，建立關係，連結和發展新的群體。

隨著基督教變成國教之後，初期教會最核心的「宣教使命」便開始消失，教會不再關心宣教，而變成關注其內部事務的管理。57

實踐案例 3：
有座堂教會在疫情前已經開始轉型為「小教會」，將部分的弟兄姊妹分為小組，在家中或辦公室中聚會，發展「小教會」網絡。每間「小教會」慢慢開始獨立運作，自己負責崇拜、團契、查經等。他們又培訓領袖，鼓勵他們不斷繁殖，以及吸納新朋友，成為「小教會」的會眾，獨立於原本的堂會。堂會仍然維持原本的座堂建築物，繼續有主日崇拜，因為部分原有的會友仍然選擇傳統堂會模式。堂會變為雙線並行的"hybrid"模式，牧師解釋，「小教會」的模式在疫後會持續發展，而傳統堂會隨着時間，便會慢慢萎縮。

未來發展：

「一會兩制」的意思是原有堂會體制不改變，維持現有模式，繼續運行，將「舊酒」保留在「舊皮袋」裏。舊體制仍然有不少支持者，但會慢慢隨着時間過去而老化、萎縮。新模式是要建立一個新的體制，簡化行政管理架構，獨立於舊體制以外。堂會領袖需要放手給負責人，不干擾他們做新事，鼓勵他們勇敢作新的嘗試。領袖亦要明白，新的體制可能會發展成為新型態群體，不會跟舊體制一樣，不一定跟從以往「教會 2.0」的模式，亦不應該將這羣新來的帶回舊的體制內，因為他們原本就是不想參與舊體制而離開堂會的。這可說是「新酒」配合「新皮袋」的理念，用新的思維和新的文化，創造一個新的環境，來盛載新的模式。

筆者認為舊體制一時間很難改變，可以繼續保留以服侍其支持者。但是為著教會未來的發展，讓下一代可以留下參與，最簡單的便是採用這個「一會兩制」模式，另外發展一個創新的聚會模式，建立新的體制，凝聚新的群體。筆者鼓勵堂會領袖要有胸襟去接受和支持這個新的發展模式，回應社會大環境和年青一代的需要。兩個體制可以互相支援，彼此配搭，但亦會分別發展，各自服侍不同群體，回應不同需要。

UNBOX 3

天國又好比一個人要出外遠行，就叫了僕人來，把他的家業交給他們。他按著各人的才幹，給他們銀子：一個給了五千，一個給了二千，一個給了一千，就出外遠行去了。那領五千的立刻拿去做買賣，另外賺了五千。那領二千的也照樣另賺了二千。但那領一千的去掘開地，把主人的銀子埋藏了。過了許久，那些僕人的主人來了，和他們算賬。那領五千的又帶著另外的五千來，說：「主啊，你交給我五千。請看，我又賺了五千。」主人說：「好，你這又善良又忠心的僕人，你在少許的事上忠心，我要派你管理許多的事，進來享受你主人的快樂吧！」那領二千的也進前來，說：「主啊，你交給我二千。請看，我又賺了二千。」主人說：「好，你這又善良又忠心的僕人，你在少許的事上忠心，我要派你管理許多的事，進來享受你主人的快樂吧！」那領一千的也進前來，說：「主啊，我知道你，你是個嚴厲的人：沒有種的地方也要收穫，沒有播的地方也要收割，我就害怕，去把你的一千銀子埋藏在地裏。請看，你的銀子在這裏。」他的主人回答他說：「你這又惡又懶的僕人，你既知道我沒有種的地方也要收穫，沒有播的地方也要收割，就該把我的銀子放給兌換銀錢的人，到我來的時候可以連本帶利收回。把他這一千奪過來，給那有一萬的。因為凡有的，還要加給他，叫他有餘；沒有的，連他所有的也要奪過來。把這無用的僕人丟在外面黑暗裏，在那裏他要哀哭切齒了。」

釋 放 資 源

CHURCH RESOURCES RELEASED

走進現場：

其實不少堂會，特別是大中型堂會，擁有充足的資源，可是大部分的資源都是長時間埋藏在地下，甚至沒有人知道它們的存在，未能得到釋放。例如土地資源，平日用量很低，主要是星期日使用幾個小時；人力資源，出現錯配或者是沒有得到適當使用；金錢資源，大都是長期儲存在銀行，從來沒有考慮如何釋放出來，善用來投資堂會以內或以外的一些項目上。然而因為疫情的關係，堂會開始釋放土地或空間資源，如開放堂會給社區用來發放或儲存物資等；堂會的人力資源同樣也得到釋放，更多弟兄姊妹可以參與社區服侍，甚至利用他們的恩賜，帶領興趣班或不同的社區活動；而堂會的金錢資源，如銀行的儲蓄，也得到善用，用來購買防疫物資、食物等，以及成立社區項目來祝福有需要的人。

疫情改變了不少堂會的傳統思維，以往堂會一般都是「由上而下」——由教牧或領袖推動及帶領異象，會友跟隨順服執行。這是一個金字塔式的架構，權力核心往往集中在最頂的教牧或領袖手中，而能夠參與事奉的只有少數弟兄姊妹，大部分的會眾都是旁觀者，只是在精神、金錢或禱告上支持。因著社會運動和疫情的影響，有些堂會開始轉移權力核心，所謂「去中央化」(de-centralization)，鼓勵平信徒領受異象，發起、推動和帶領新的事工，這是一個「由下而上」的理念。堂會在背後支持他們，開放場地給他們使用，鼓勵其他弟兄姊妹參與支援，甚至協助他們籌集資金。

跨科探索：

Mark Deymaz 在他的書中解釋，他見到堂會的奉獻不足，堂會的空間又沒有人使用，他便以 21 世紀教會的新經濟模式 (new church economics)，建議堂會不應該像以往一樣，只是倚靠奉獻收入，而是要更有創意地去運用神給予的資源，例如投資創新

72

上帝要以色列人成為好管家，將應許之地視為上帝送給他們管理的禮物，而不是給他們白白佔有的。⑥⑤

社區項目，去祝福社區，釋放資源，建立就業機會，又可協助堂會開發持續穩定的收入 [58]。而 Mark Elsdon 在 *We Aren't Broke: Uncovering Hidden Resources for Mission and Ministry* 一書中，倡議堂會不應將奉獻留在銀行戶口裏，運用「影響力投資」(impact investing) [59] 的理念，投資在堂會身處的社區及有關宣教的項目上，回報率就擴大許多了。教會不只是要賺取金錢上的資本 (financial capital)，還可以建立社會資本 (social capital)，祝福附近有需要的弱勢社群，更可以得到屬靈資本 (spiritual capital)，叫人在心靈上可以得到飽足，認識福音。這個理念除了釋放堂會的金錢之外，還有土地和人力資源等，亦可以得到釋放、善用和發展。

神學反思：

由創世開始，上帝已經親自任命人類「好管家」的職分。當上帝創造天地，到了第六天的時候，祂在創世記 1 章 28 節對人類吩咐：「要生養眾多，遍滿這地，治理它；要管理海裏的魚、天空的鳥和地上各樣活動的生物。」人類就是要與神共同管理整個創造。Munther Isaac 在 *From Land to Lands: from Eden to the Renewed Earth* 一書中，認為上帝的心意是要人類「著地」(landed)，意思是人類是一個活在有神同在的土地上的群體，人類可以工作，其他生物又可以有棲息的地方 [60]。亞當被呼召為一個園丁，他的使命就是要管理和發展整個花園，伊甸園便是上帝委派亞當工作的地方 [61]。

布魯格曼解釋，當上帝把祂的選民由為奴之地拯救出來後：「耶和華你的神領你進他向你列祖亞伯拉罕、以撒、雅各起誓應許給你的地。那裏有城邑，又大又美，非你所建造的；有房屋，裝滿各樣美物，非你所裝滿的；有鑿成的水井，非你所鑿成的；還有葡萄園、橄欖園，非你所栽種的；你吃了而且飽足。」（申命記 6:10–11）上帝要以色列人成為好管家，將應許之地視為上帝送給他們管理的禮物，而不是給他們白白佔有的 [62]。布魯格曼再進一步解釋土地作為神的禮物，是帶有責任的，神給

他們土地管理的律法，就是要他們明白如何生活在這恩典裏 [63]。律法提醒以色列人不要忘記神怎樣給予他們土地，要他們不要像其他外邦王一般統佔和濫用土地作私人財產。他解釋，以色列人應好好管理上帝所托付的土地，但他們並不擁有這片土地，如同自己的財產一樣 [64]。「應許之地」就是神給以色列人的禮物，要他們與神「一同管理」和「一同創造」。

在新約中，管家的希臘文是 oikovouia (oikonomia)。這字的第一部分 oîkoç (oikos) 是「房子」，第二部分是 vémw (nemo)，意即「管理或安排」，連在一起便是一個管理家庭的大小事務，如行政、管理、統籌等的人。管家可以是「奴隸」或是「自由的人」，也可以是管長、財務長、執事（哥林多前書 4:1），又或者是教會中的監督（提多書 1:7），甚至平信徒（彼得前書 4:10）。耶穌教導門徒要管理好所交託他們的東西，他以「才幹的比喻」來讓門徒明白要把主人交託他們的資源好好運用，不能把它們埋在地裏（馬太福音 25:14-30）。保羅談到神託付給他的恩典，是要帶到以弗所的弟兄姊妹當中，他說：「諒必你們曾聽見神賜恩給我，將關切你們的職分託付我。」（以弗所書 3:2）保羅解釋他得到神託付這職分，便是為要配合上帝的救恩計劃。

"Leverage church asset to bless the community and generate sustainable income." [66]

實踐案例 1：

有堂會鼓勵會友帶着使命，在堂會以內或以外，開創一些新的活動或事工，有些弟兄姊妹成立社企，或非牟利機構，將教會帶進人群當中，而不一定要將受眾帶回堂會裏。亦有堂會預留了基金，鼓勵弟兄姊妹籌辦社區外展項目，提交建議書給堂會批核，就如外面的一些初創或社企項目一樣。

實踐案例 2：

有堂會鼓勵弟兄姊妹自發開創新的事工，堂會提供場地，由弟兄姊妹召集、經營、宣傳、帶領等，例如行山、咖啡班、社區探訪等。有一個弟兄很有負擔去做長者工作，便自發在堂會開展一個帶領長者跳舞及遊戲的事工，歡迎會友帶同父母或朋友到來參加，亦開放給其他堂會。有不少堂會以外的長者都跨區到來參加，慢慢建立社群，其中更有些人信主受浸。

實踐案例 3：

有在堂會多年的資深牧師認為，在現有體制下，堂會未能很有效地推動社區宣教工作。他見到堂會有閒置的物業，便構思一個城市宣教的項目，向堂會提交一份建議書，申請資金，由堂會差派他出來，開拓一個在堂會以外的新事工。他們的空間擁有開放式廚房、多用途運動的空間、休憩的空間、零售小店等，他們利用這個地方開辦不同的興趣活動，接觸城市中的年青人。

未來發展：

很多堂會擁有不少前人所遺留的土地資源，有待釋放、管理、設計、運用和發展等，而不是白白浪費了上帝給予教會的寶貴資源。在金錢方面，特別是大型堂會，每月的奉獻收入非常可觀，很多堂會會儲蓄起來，作定期存款或購買基金收息，但回報率一般都很低。有些堂會長期將奉獻儲蓄起來，準備將來擴堂、建堂、購買物業才使用，實在沒有必要。堂會一旦購置土地或物業，又要建築或裝修，大興土木，花費不少金錢，堂會無形中就被困在這個物業內，不斷供款，不斷花費大量資源去管理和維修物業，實在浪費人力物力。為何不將金錢投資到宣教項目上？有不少堂會將部分的奉獻收入，奉獻出去支持外地宣教士，但卻很少用來支持本地的城市宣教士或宣教項目。例如堂會可以鼓勵弟兄姊妹在堂會以外開拓「營商宣教」項目，甚至可以將堂會的閒置物業，用作宣教項目的場地，便更有意義。

至於人力資源方面，其實堂會裏有不少擁有不同恩賜的弟兄姊妹。無論是年青人、婦女、專業人士、或是退休人士，有很多空餘時間，又有技能和經驗，可以藉着他們的恩賜服侍不同層面的群體。但往往他們回到堂會，恩賜都被埋沒，或許只是邀請他們做一些簡單的勞力工作。堂會中又有不少年青人擁有很多創意和理想，希望可以得到發展，但堂會沒有支持他們，更沒有給予他們實踐的機會。如果堂會能夠鼓勵、推動和培訓他們作出新嘗試，或許創辦一些新的事工，甚至「營商宣教」的項目，鼓勵他們在堂會以內或以外創業。筆者認為在疫情之後，堂會應該重新審視現有資源，如何得到適當的使用。正如耶穌教導我們，不要將上帝給我們的恩賜埋在地下，要多作運用和發展，令恩賜可以倍增，就是作為一個好管家的責任，讓教會「釋放資源」。

UNBOX 4

三股合成的繩子不容易折斷。
若有二人便能敵擋他；
有人攻勝孤身一人，

合作共贏

CHURCH IN COLLABORATION

走進現場：

在疫情期間，很多人滯留在城市裏面，不能出外旅遊，但亦希望尋找到一些新的活動，所以不少堂會都希望把握這個機會，推動及發展一些創新的興趣班、工作坊和市集等，吸引新朋友前來參與。但有不少堂會都認為人手不足，若是開放堂會空間，又沒有人管理；若是開辦不同活動，又沒有人負責安排、帶領及推廣，所以很多堂會都認為兼顧不下。其實城中有不少非牟利機構、逆風教會團體 (parachurch)、社會企業等，都可以與堂會合作，向他們提供專業的支援。另外亦有不少個別的信徒在疫情期間，在社交平台開設「自媒體」社交平台，嘗試發展一些創新的興趣和技能，甚至有些有宣教心志的信徒，透過他們開辦的興趣班，分享福音信息。堂會可以考慮邀請他們一同合作，他們可以負責教班，堂會從旁支援及牧養新來的朋友，達致雙贏的效果。

跨科探索：

馬秀娟博士在《由 1 到 726──結網轉化攻略》一書中提及如何推動堂會互相連結，建立網絡，彼此合作。她解釋夥伴同行關係的重要性，是要彼此支援，以滿足夥伴間的需要，還有可以分享物資、場地、技能或其他資源。在羅馬書 15 章 26-27 節，保羅藉着馬其頓和亞蓋亞教會對耶路撒冷教會的慷慨捐贈，帶出了互相配搭和彼此支援的理念。她又引用萊特在《宣教中的上帝》一書中所提到的：「我們可以將上帝的教導轉化為建立和維繫夥伴關係，神國子民理應委身這種夥伴關係，合力完成上帝的大使命，重整世界的秩序 [67]。」

"The pandemic has definitely given us more opportunities to collaborate with other churches and organizations."

神學反思：

神是三位一體的，聖父、聖子、聖靈一同合作，互動運行，各有各的功能，彼此配合。在創世記 1 章 26 節中，神宣稱：「讓我們按照自己的形象造人。」由於神認為一個人獨處不好，所以創造夏娃去協助亞當，一起工作，與三一神一同管理大地。如箴言 27 章 17 節說：「以鐵磨鐵，越磨越利，朋友當面琢磨，也是如此。」摩西有亞倫的協助，大衛與最好的朋友約拿單出生入死，保羅有巴拿巴做他的宣教夥伴。兩個人合作比一個人更好，可以互相支援，彼此鼓勵。又如傳道書 4 章 12 節所說，兩人始終比一人更好，如加上第三者的力量，更會事半功倍。

尼希米帶著被放逐的以色列民，回到耶路撒冷城，重建城牆。雖然過程中遇到阻撓，但是他們同心合意，一同合作建造，實現神給尼希米的異象。尼希米書 4 章 6 節說：「這樣，我們修造城牆，整個城牆就連接起來，到一半高，因為百姓一心做工。」由此可見，互相合作和建立夥伴關係，都是作事成功的主要因素。

實踐案例 1:

不少堂會在疫情前希望發展補習或功課輔導事工，在堂內招攬了一些義工，但因為義工參與的時間不穩定，又不理解市場的需要，很難提供到真正的專業服務，最後事工都不能延續。有堂會找來一位有多年經營補習社經驗的弟兄幫忙，他首先在堂會舉辦家長講座，吸引區內的學生報名參加。他有專業的導師團隊，清楚明白市場的需要，每天放學後穩定地提供補習服務，堂會不需要擔心補習服務的質素，又可以專心去牧養前來補習的學生和家長，慢慢有部分家庭更開始參與教會生活。堂會的空間每一天都可以得到適當的使用，避免浪費資源。另外亦有弟兄對音樂教學有負擔，見到不少堂會有很多閒置樂器，便開始招募音樂老師，在不同堂會開班教授兒童。

實踐案例 2:

有不少堂會在疫情期間，開辦不同的興趣班，但又沒有合適的師資，所以便邀請外面一些不同專業的信徒合作，堂會提供場地及跟進個別新朋友，導師提供專業服務。堂會便變成一個平台，每星期都有不同的創意興趣班舉行，吸引離開了堂會的信徒，以及堂會以外的非信徒一同參與。

實踐案例 3:

有國際教會希望服侍基層人士，在疫情前幾年，他們已經在一個舊區租用了一個地舖，用來服侍鄰近的街坊。他們沒有太多做社區服務的經驗，便與當區的機構、堂會及學校合作，共享資源，服侍不同的邊緣群體。在疫情期間，他們不但服侍了許多基層家庭、長者、失業人士等，還動員了不少弟兄姊妹參與。亦有另一國際教會跨區與一些中文堂會合作，運用他們弟兄姊妹的恩賜，開辦英文班，服侍基層和新移民學生。

實踐案例 4:

在堂會裏面開辦市集是疫情期間的一個新現象,主要是因為疫情令到市民留在城市裏面,不能外遊,所以辦市集可以吸引不同人士前來參與。在疫情初期,有三間在不同地區的不同宗派的堂會合作舉辦市集,隔一個星期就在三個堂會輪流舉辦。他們一同在社交平台推廣,又將資源共享,例如一些檔主、工作坊、裝飾物品等。

82

我們可以將上帝的教導轉化為建立和維繫夥伴關係,神國子民理應委身這種夥伴關係,合力完成上帝的大使命,重整世界的秩序。(68)

實踐案例 5:

有傳道人在疫情期間領受異象開創一間活動統籌公司，專門協助堂會、機構和信徒群體等籌辦各類活動，特別是興趣班、工作坊等，來吸引堂會以外的朋友參加。當中收集了不少信徒開展的新型空間的活動信息，又有不少專業活動導師的資料，如藝術、音樂、咖啡、烘焙、運動等，可以協助堂會嘗試新形態的聚會。更設有網上付款服務，可說是軟硬件兼備。

未來發展:

在疫情前，堂會一般都各自忙碌於處理堂內的活動，例如團契、查經班、主日學等，主要的服侍對象是堂內的弟兄姊妹。但疫情打破了堂會之間的鴻溝，不同地區堂會都開始彼此聯繫，建立網絡，又有跨宗派的合作活動，或將活動轉介給比較專業的機構或弟兄姊妹協助舉辦，互相合作支援。一方面，堂會可以幫助他們發展個別專業和興趣，另一方面，堂會又可以專注牧養和福音的工作。筆者認為，主內不同肢體應該發揮各有獨特的功能，善用大家不同的恩賜，彼此協作，互相配搭，達致「合作共贏」的效果。

C 改造整體堂會

教會 2.0	教會 3.0					
	牆內的使命空間		牆外的使命空間			另類的使命空間
A 沒有改造的堂會	B 改造部分堂會	C 改造整體堂會	D 營商和堂會一起	E 營商在堂會以外	F 獨立營商	G 另類群體
	1/ 第三地方	5/ 活化空間	9/ 牆內牆外	11/ 職場網絡	13/ 文化藝術	15/ 流散群體
	2/ 一會兩制	6/ 由內而外	10/ 一點多會	12/ 創意營商	14/ 初創平台	16/ 城市宣教
	3/ 釋放資源	7/ 持續轉化				17/ 共居共融
	4/ 合作共贏	8/ 一家教會				18/ 心靈空間
						19/ 微型教會

UNBOX 5

凡你所看見的一切地，我都要賜給你和你的後裔，直到永遠。

活化空間
CHURCH SPACE REINVENTION

走進現場：

很多堂會的空間設計和營運模式，都是屬於上一代的，非常老化，很難與現今新一代的年青人接軌，需要更新轉型，配合他們的需要。疫情讓堂會看見到現有的不足，驅使不少堂會重新審視現有的硬件，釋放空間資源。疫情期間，無論是自發或是大環境的驅使，有不少堂會進行內部裝修，更新活化，釋放出閒置的空間；有些堂會在外面另找新的地點，發展新的事工；亦有些物色新的物業，將整間堂會搬往一個全新的地方，重整堂會的方向、文化和使命，在疫後重新出發。

跨科探索:

世界不同地區的教會佔據了不少土地和建築物,主要用途是週日崇拜,平日的使用量不高,甚至完全沒有使用。Thom S. Rainer 在 *The Post Quarantine Church: Six Urgent Challenges and Opportunities That Will Determine the Future of Your Congregation* 一書中解釋疫情對教會的影響,他稱世界各地的堂會擁有價值連城的土地和設施,上帝給我們這些寶貴的資產,是要我們成為好管家,可是大部分的設施平日被閒置,現在正是時候重新考慮如何活化這些設施,向社區敞開大門 [69]。Mark Deymaz 亦強調,教會要透過善用土地資源來祝福社區,創造可持續的收入,成為善良而忠心的僕人 [70]。

同樣,Matt Broweleit 在 *Out of the 4th Place* 一書中強調,堂會應將土地空間視為一項巨大的資產,需要釋放和善用作宣教用途。他解釋,對於擁有土地空間的堂會來說,一個尚未開發的契機就在眼前,就在建築物本身。許多堂會開始將過往只供宗教用途的空間改造成社區的「第一地方」、「第二地方」或「第三地方」,也許是開辦一間咖啡店,或將堂會的一些空間分租給商業公司或機構 [71]。向社區開放不僅可以舒緩堂會的財政壓力,更加有助實現宣教使命,他繼續說:「在允許你的鄰居使用堂會的空間時,你就已經模糊了神聖和世俗之間的界限,讓堂會重新融入被遺忘了的社區 [72]。」

在疫情期間,弟兄姊妹開始明白教會不是建築物,即使教堂被迫關門,仍然可以在另一個時空繼續營運,不需要停業。Rainer 解釋說,在疫情期間,正因為教會在沒有建築物的情況下仍然可以繼續聚會,所以教堂的建築物應該被重新定義 [73]。疫情為堂會對空間的使用帶來了新的思維,弟兄姊妹開始意識到,建築物是上帝給予堂會的禮物,需要釋放和共享,成為實踐宣教使命的空間。

神學反思：

「空間」和「土地」有緊密的關係，而「土地」在整本聖經中擔當非常重要的角色。布魯格曼表示，「土地」是聖經信仰的中心主題，可能是最核心的主題[74]。聖經一開始便讓我們知道上帝創造天地，「土地」是神給人類的禮物，人類也是從「土地」而來。聖經最後一章提到，因著上帝的救贖，人類可以有新天新地，住在上帝的當中。「土地」與人類的生活密不可分，「土地」是展示人類歷史的舞台。

在舊約，主要有兩個希伯來文的詞語來形容「土地」，ארץ (erets) 和 אדמה (adamah)。較全面和用得最多的是 ארץ (erets)，可以指整個地球（創世記 11:1）、地球與天堂的對比（傳道書 5:1）、宇宙或天堂（創世記 1:1，以賽亞書 1:2）。ארץ (erets) 也指一般地域的意思（撒母耳記下 24:8），或指政治上的分界（申命記 1:5）。另一個代表土地的希伯來文是 אדמה (adamah)，這詞與亞當 אדם (adam) 是同一字根。亞當是世界上第一個人，是神從地上的泥土造出來的，而人最後也會回歸土地。故 אדמה (adamah) 可以翻譯為「泥土」或 「土地」。布魯格曼解釋從聖經的文字可以看到人類與「土地」的緊密聯繫，人類的希伯來文是 אדם (adam)，而人類的屬靈伙伴是「泥土」אדמה (adamah)，人類與「土地」就如立約的關係那麼密切。

在新約，最常用作土地的希臘文是 γη (ge)，可指地理位置或地界（馬太福音 9:26, 9:31）、應許之地（使徒行傳 7:3）、普天下人所住的地方（啟示錄 3:10）、或發生的重大事件的舞台（馬太福音 23:35）。另一個可翻譯為土地的希臘文字是 τόπος (topos)，可指為農業用地，或有特別地形的土地（馬太福音 13:31）。另一希臘詞語是 χώρα (chora)，可定義為空間、地方或土地。根據《史特朗經文彙編》(Strong's Concordance)，χώρα (chora) 的意思是空曠廣闊的想法，或領土裏面的空間（廣泛包含其居民），如海岸、縣、田野、地面、土地、地區等。

實踐案例 1:

在疫情前，市面上出現了一些時尚的「共享溫習空間」，吸引了不少學生放學後前往做功課、溫習、玩樂等。有些堂會看準這個機會，開始營辦「共享溫習空間」，接觸鄰近的學校，利用 IG 社交平台，吸引學生放學之後來到堂會溫習，目的是讓他們有個地方可以聚腳，建立社群。疫情期間，有不少人在家工作，家裏的空間不一定寬敞，堂會亦吸引他們來使用堂會的空間。部分同工也共用這個空間，作為他們的共享辦公室，而不必佔用固定的辦公室，騰出更多空間。這裏又開辦興趣班、市集、桌上遊戲，以及一些新形態聚會和活動等，迎合新一代的需要。

"Another untapped opportunity might be right in front of your nose—the building itself . . . Opening up your building to the community is not only fiscally preferable, but far better for your mission."[75]

實踐案例 2：

疫情期間，由於樓價及租金開始降低，有不少堂會便物色新物業來發展社區，或其他新事工，例如社區共享空間、青年休閒空間等。有堂會見到室內空間老化，需要更新，便在原址進行裝修，添置時尚的傢俬，以吸引社區的年青人進來使用。有堂會希望發展社區工作，便開始物色地舖，目的就是要進入社區，接觸街坊。他們甚至將整間堂會搬到另外一個社區重新發展，開始做社區工作，開辦補習班和不同的活動。牧師解釋，以往在商廈裏面，很難接觸到陌生人，這裏是對外開放的，歡迎不認識的人進來，更容易接觸到附近的鄰居。

實踐案例 3:

有在學校或社會服務場所聚會多年的堂會，在疫情前後，由於見到政治形勢改變，開始物色商業物業，將堂會部分的服侍或聚會的空間搬走，預備將來如果堂會不能再使用學校或社會服務場所，都可以有其他空間可以聚會，保持彈性。有一間堂會在學校附近租了一個單位，將同工的辦公室搬出，營造一個休閒和時尚的共享空間，開放給學生和社區人士使用。

未來發展：

疫情之後，教會可以借鑒舊約土地使命的模式，發揮堂會所擁有的土地空間的巨大潛能。土地空間其實是教會擁有的最寶貴的資產之一，是上帝託付給教會的禮物，教會在其土地上帶著上帝的宣教使命。教會要做一個好管家，確保這寶貴資產得到妥善管理、運用、設計和發展，避免浪費，並與上帝在土地空間裏共同建造祂的國度。

筆者認為，教會不應該如疫情之前長期關閉大門，應該「活化空間」，款待社區鄰居，讓他們進來休息、閒聊、溫習、工作等，共享上帝的禮物。教會的土地空間是「神的空間」，更是「公共空間」，是要用來祝福缺乏土地的鄰居，如社區的貧窮人、弱者、受壓迫者、被邊緣化的群體等，與他們共享。

教會裝修是一個投資，投資在未來進來的人身上。

UNBOX 6

要擴張你帳幕之
地，張大你居所的
幔子，不要限止；
要放長你的繩子，
堅固你的橛子。因
為你要向左向右開
展；你的後裔必得
多國為業，又使荒
涼的城邑有人居住。

由內而外
CHURCH FROM INSIDE OUT

走進現場：

在疫情前，一般堂會的資源都放在堂會以內，比較少發展堂會以外的社區工作。但是疫情令許多堂會重新發現他們所在的社區，開始看到鄰舍的需要。他們派發防疫物資，向有需要的鄰舍伸出援手，甚至冒着感染的危險，上門探訪他們。堂會漸漸越過四面牆，將原本的室內「堂會空間」，擴展到堂會以外更廣闊的「社區空間」，甚至延伸到網上的「虛擬空間」，是一個「由內而外」空間擴張的理念。

跨科探索：

以往的堂會主要專注週日崇拜的工作，特別是講道、敬拜、音樂等，盡量吸引多些人進來參與，崇拜的禮堂要越大越好，越多人參與便是越成功。由 Pew Research Center 進行的一項調查發現，美國很多教會可以被稱為「消費者教會」(Consumer Church)，指教會為吸引更多人聚會，只顧著討好他們的「屬靈顧客」，顧客決定留低與否，就要視乎講員的信息是否令他們稱心滿意，崇拜的氣氛是否帶給他們喜悅，會友是否對他們友善[76]。教會領袖只著重於聚會和崇拜是否夠「娛樂性」，因為這與教會能否繼續生存有莫大關係。教會若只顧建築物內發生的事情，專注培訓專業的神職人員，舉行專業的表演和專業的宗教活動，那就錯過了教會的真正的使命。就如今天的不少堂會著重關注「牆內」崇拜人數，期望人數不斷增長，目的是盡量令自己的教會坐大，這就是 "megachurch" 的理念。

J. R. Woodward 與 Dan White Jr. 在 *The Church as Movement: Starting and Sustaining Missional-Incarnational Communities* 中提出，必須推動堂會向「牆外」望，將其影響性擴展到社區裏[77]。Alan Hirsch 在 *Metanoia: How God Radically Transforms People, Churches, and Organizations From the Inside Out* 一書中解釋，一般堂會都以教堂的建築物為中心，他們的理念是要盡量吸引更多非信徒「來」(attractional)，而不是要「去」

(missional)，即是去到他們所在的地方，所以一般堂會的建築和活動，都是圍繞着「來」的理念而設計，妨礙堂會發展真正「宣教使命的範式」(missional paradigm) [78]。反觀初期教會的精神是要「去」，不是要「來」，是一個「外向型」宣教的實踐模式 [79]。

Alan Roxburgh 認為堂會不只是在「牆內」工作，而是要走進社區，進入人們的家，坐在他們的餐桌旁，聆聽他們的故事，與他們一起分享晚餐，很自然地就可以互相傾訴，這就是「無牆的教會」[80]。這意味著要將教會帶到人們所在地，進入當地的社區、公共場所、辦公室、學校和家庭。換句話說，堂會需要擴展影響力，進入社區、城市、甚至國家。Woodward 與 White 解釋，教會應該是一個宣教運動，不斷向外擴張，好像漣漪效應一般，把一塊石頭扔進池塘，便會產生一個一個漣漪，直到漣漪覆蓋整個池塘 [81]。

神學反思:

以色列人到了應許之地,他們的使命是去祝福萬族萬邦,舊約神學家及宣教學者萊特在《宣教中的上帝》中稱之為「宣教使命」(missionary mandate) [82],即是以色列人透過律法,讓人看到他們是上帝的子民,從而能夠認識上帝。在利未記 25 章 23 節中,上帝對以色列人說:「地不可永賣,因為地是我的;你們在我面前是客旅,是寄居的。」上帝是那位神聖的「地主」,而以色列人是被揀選的「房客」。以色人同樣要與鄰舍分享上帝給他們土地的祝福,在土地上行公義、好憐憫。利未記 25 章描述了安息日和禧年的原則,即土地不得被濫用或永久佔用。禧年就是本著救贖與和解的精神,每五十年就要將土地歸還給原擁有者。Isaac 稱以色列為一個分別出來的神聖國家 [83],他解釋共享和包容性的土地原則,以色列人是要平等對待所有種族和社會背景不同的人,本著經濟公義平等的精神實踐上帝的律法 [84]。

96

Isaac 強調教會存在於某片土地,就是要為這片土地而活,並從土地的社區環境中找到教會的使命 [85]。他說教會與其周邊土地的關係應該是很密切的,而土地神學指出教會應該根據當地的社群、人口、歷史、環境等,來衍生其使命 [86]。這也意味著每間教會都需要認定自己的土地,並稱這片土地是上帝賦予教會的主權領域。因此,教會要明白被上帝放置在某片獨特的土地上,就是要用愛和關懷去接觸這片土地的人。Isaac 稱上帝的使命是整全的,正如教會的使命也是整全的 [87]。福音應該包括個人靈魂的救贖和社會的關懷,兩者不應該分開。教會在其土地上,要展現整全的福音,即神的平安 (Shalom)、公義和憐憫。

漢斯.昆 (Han Küng) 認為上帝把以色列這片細小的土地,定為全世界的中心,是有其救贖的目的 [88]。Michael Goheen 形容以色列在周圍都是異教的地理環境下,目的就是要成為「世上的光」(light of the world) [89]。他說上帝首先讓亞伯拉罕和他的後裔成立為一個偉大的國家——以色列,然後透過以色列人去祝福其他周邊的民族和所有創造物 [90]。Isaac 在

"Jesus seemed to view and use public space in a different way than the church does today." [97]

其土地神學的討論中解釋，以色列人由沒有土地（曠野）、到擁有土地（應許之地）、到失去土地（流放），土地都是一個中心主題 [91]。而耶穌基督的受死和復活，就是讓人類可以重新得到「土地」。新的「土地」不只限於以色列人原有的應許之地，而是由耶路撒冷作為中心擴展出去，到猶太全地、撒馬利亞、直到世界每一個角落的「土地」（使徒行傳 1:8）。 Isaac 在他的書中進一步闡述，土地神學是從「單一」以色列的土地開始 (land)，去到「普世」的土地 (lands)，因著耶穌基督，土地就由「單一」變成「普世」了 [92]。他斷言土地神學本質是宣教性和擴張性的，新約教會的使命就是將舊約以色列的土地模式複製到世界其他各國的土地。作為書的中心主題，Isaac 將這種現象稱為「從土地到土地的轉化」(transformation from land to lands) [93]。

Goheen 稱教會不應該只是著眼於身處的社區，而是要擁抱一個無邊界的使命，就是將福音傳揚到地極 [94]。上帝將教會放在某個國家某個城市，有祂獨特的旨意，是要教會超越自己本身的土地或空間，要將其眼光擴展到教會以外的土地，延伸到城市的土地，甚至到國家的土地。正如上帝在創世記 13 章 14–17 節中告訴亞伯拉罕：「從你所在的地方，你舉目向東西南北觀看；凡你所看見的一切地，我都要賜給你和你的後裔，直到永遠。我也要使你的後裔如同地上的塵沙那樣多，人若能數算地上的塵沙才能數算你的後裔。你起來，縱橫走遍這地，因為我必把這地賜給你。」Isaac 強調亞伯拉罕的土地似乎沒有固定的邊界，並將繼續延伸出去 [95]。同樣，教會要有一個更宏大的宣教願景，去轉化及重塑社區、城市和國家的土地。

信徒應該跟金
耶穌學習，怎
樣在公共空間
內不斷流動。

實踐案例 1：

不少堂會在疫情期間見到社區的需要，開始做社區服務工作。有些堂會由於人手不足，開始聘用一些基層學生，協助堂會處理派發物資、食物銀行、拍攝短片、管理社交平台等工作。堂會又與一些捐獻者合作，共同資助他們的薪金，為期半年至一年不等。又有堂會聘請失業的年青人在堂會實習，培訓他們做社區工作，接觸不同群組。這不但減輕了堂會同工的工作量，又可以將金錢投放在年青人身上，祝福他們，讓他們有就業機會，參與社關工作，更可以增加堂會年青的動力，實在是雙贏的。

實踐案例 2：

有堂會在疫情前或疫情期間服侍不同階層、種族和年齡的人士，其中不少都開始參與堂會聚會，甚至信主，亦有些人開始在堂會裏做義工，幫忙服侍自己的群組，由被服侍者變成服侍的人，生命得到轉化。疫情緩和後，有堂會見到長者從長期留在家裏，都開始活躍外出，便培訓了一些婦女做義工，向她們充權，讓她們看到自己的價值，學習服侍及關懷長者的需要，陪伴他們複診、陪談、開小組等。堂會也有受眾變成了同工，堂會支持他們持續進修，讀神學，裝備自己在堂會以內或以外繼續服侍。

實踐案例 3:

有堂會在疫情爆發時開始招聚基層婦女，在堂會裏面製作布質口罩，初步吸取營商的經驗。堂會的廚房一向都是開放給街坊使用的，在疫情中期，他們又見到有些婦女，做到很好味道的糖果，便鼓勵她們創業，教導她們成立社會企業，並將廚房改造為食物工場，將她們的製成品加工，變成可以售賣的產品。堂會訓練她們採購、接單、推廣、製作、客戶服務等，她們有不少生意在網上接洽，慢慢變成自負盈虧，無需申請資助，又有收入可以向堂會交租，甚至可以支持十多個婦女的部分生計。

實踐案例 4：

在疫情期間，大部分堂會因為無法實體聚會，都轉為網上舉行崇拜、團契、查經、祈禱會等。有不少堂會、機構或個別弟兄姊妹在網上開辦「網台」，除了教會講道之外，還有教育課程、訪問或對談節目、音樂短片等，擴闊對外接觸面。又有機構發展「元宇宙教會」，嘗試在「虛擬空間」聚會。將線上和線下聯繫一起，讓更多人有機會接觸福音。

未來發展：

經過這幾年疫情，大部分的堂會已經進入了社區，不再困在自己的牆壁內。現在社會雖然已經所謂「復常」，但堂會不應該回到以往內聚的模式，而是要繼續將室內與室外的空間連接，將「社區空間」視為堂會一部分。不單讓社區的朋友進入堂會，亦要擁抱「堂會在社區」這種更大更廣闊的觀念。雖然疫情之後社區的需要不如之前那麼嚴峻，但是堂會要善用之前種下的種子，持續發展社區工作，維持與社區緊密的關係。

疫情期間，堂會不能實體聚會，除了進入社區，堂會還進入了另一個空間領域，就是大家現在都非常熟悉的「虛擬空間」。這個空間令來自不同城市、地區和國家的人，可以在屏幕上與其他的參與者互動，而不是必須回到實體教會才可聚會。現在信徒便可以超越時空，以另一種的模式見面和聚會，福音的傳播方式和覆蓋面，可以有無限的想像。啟發課程以往都是用實體聚會模式，但因為疫情，改變為網上聚會，反而有出人意表的效果，更容易令人留下參與，信主的亦沒有減少。

Dave Adamson 在他的 *Metachurch: How to Use Digital Ministry to Reach People and Make Disciples* 裏面解釋，「虛擬空間」讓我們以往聚焦一星期一兩小時的「線下」連結，變成了一星期 168 小時「線上」的聯繫 [96]，接觸的機會比以往更多和更加豐富，而更多資訊亦可以得到傳遞。他相信未來接觸福音的方式，是要透過「虛擬空間」開展，打開手機就等於打開堂會的大門一樣 [97]。Thom S. Rainer 呼籲教會在疫情後應該繼續探索和理解這個具有無限潛能的空間，一個全新而完全未開發的「數碼宣教禾場」(digital missional field) [98]。Caleb Lines 在他的書 *The Great Digital Commission: Embracing Social Media for Church Growth and Transformation* 中，鼓勵教會要有創新策略，去實踐他所提出的「數碼大使命」(digital great commission) [99]。現在堂會面對的挑戰是如何在這個虛擬空間中有創意地接觸到非信徒，並將福音傳遞給他們。

筆者認為，堂會不再如以往限制在傳統堂會的牆內。疫情不但讓堂會釋放了牆外的「社區空間」及「私人空間」，還釋放了「虛擬空間」。未來的教會需要有「由內而外」的觀念，放遠眼光，將堂會的影響力由堂會以內延伸到堂會以外，更需要將線上線下的空間連結，彼此配搭，更有效和有創意地回應疫後社會不同的需要。

UNBOX 7

不要效法這個世界，只要心意更新而變化，叫你們察驗何為神的善良、純全、可喜悅的旨意。

持續轉化

CHURCH IN TRANSFORMATION

走進現場：

有不少堂會在疫情的衝擊底下，得到前所未見的轉化。他們看見社區的需要，便開辦一些新事工，做一些過去沒有機會做的事工，又讓弟兄姊妹參與服侍，包括各種的社關工作、派物資、派飯、辦食物銀行、上門探訪等。有不少堂會亦開放場地，讓有需要人士上來使用，做功課、使用 Wi-Fi 和電腦、吃飯、涼冷氣、休息等。堂會以往多年來都是困在牆內，與社區的關係疏離，但一場疫情釋放了堂會不少資源，改變了堂會文化，重拾創辦堂會的使命。

跨科探索：

神讓疫情發生，令全球的教會都經歷史無前例的衝擊。Alan Hirsch 在 *Metanoia* 中解釋說，疫情其實提供了最完美的契機，讓教會得以重新組織，重新活出神的使命[100]。George Barna 在他的書 *Futurecast: What Today's Trends Mean for Tomorrow's World* 中呼籲重塑教會，他說上世紀末到 21 世紀的開端，教會開始失去其影響力，除非教會能夠實實在在地重新塑造，否則便會與時代脫節[101]。高紐爾亦表示，與其他商業機構相比，教會一直對社會問題的回應都很慢，他解釋，教會的宗教本質令其過分保守，傾向認為教會一切都是神聖不可以觸及的，結果是教會經常落後於社會，而且變得脫節，與社區毫無關係[102]。Leonard Sweet 在 *Soul Tsunami: Sink or Swim in New Millennium Culture* 一書中稱後現代社會是一個「改變世界」或「被世界改變」的文化。在 21 世紀，若教會不能不斷轉化更新，就不如死了算[103]。他指出，一般堂會傾向保持現狀，而不是站在變革的尖端，他建議教會應該從「維穩文化」轉向「轉化創新的使命文化」[104]。

南韓一家超級教會的牧師 Johan Reiners 在他的書 *The Church Out and About: Missio Dei for a Post-Covid World* 中稱，疫情是教會歷史上最嚴峻的危機，但他解釋，危機的發生，就是挑戰和迫使教會進行結構性改革的誘因，絕對不應該讓教會回到危機前的狀況 [105]。Mark Elsdon 聲稱，辦教會的模式已經在疫後發生了急劇變化，信徒正在嘗試不同的創新模式，與社會接軌，傳遞耶穌基督的福音 [106]。

神學反思：

羅馬書 12 章 2 節呼籲教會要持續更新轉化，因為世界每天都在急速變化。疫情挑戰了教會傳統保守的文化，及其對變革根深蒂固的阻力。疫情加速了教會的轉化，許多堂會已經走出了舒適區，在疫情下迅速回應當地社區的需要。Alan Hirsch 在 *Metanoia* 中解釋，答案可能就在馬可福音 1 章 15 節，在耶穌所講的第一句話中，"metanoia"一詞照字面解釋是「悔改」(repent) 的意思，但是"metanoia"的概念是代表一種「範式轉移」(paradigm shift)，邀請我們透過上帝的眼睛，來重新看見世界，帶來生命、教會、機構及世界各層面的不斷轉化 [107]。

同一句經文又包含了 καιρός (kairos) 一詞，代表「時機」、「契機」的意思，英文稱為"opportune time"，在新約聖經一共用了 81 次。有人說新冠疫情是自從挪亞之後，影響全球人類的一件巨大歷史事件，沒有一個地區或國家的人民可以避免受到影響，所以深信神要帶給我們一個重大的信息，教會要從中把握時機，得到更新轉化，而不是要「復常」！Woodward 與 White 在他們的書中強調"kairos"意味著「嬰兒要出生」的時間，就是上帝要生產一些新事或新東西的時間 [108]。正如歷代志上 12 章 32 節的以薩迦人，他們「通達時務」，洞悉神的時間契機，告知以色列人要把握當下做適當的事情。

實踐案例 1:

有堂會在疫情這幾年間，出現很大轉化，社關事工做得很好，動員了堂會上下不少弟兄姊妹，學習服侍基層人士、新移民、獨居長者等，與他們建立了關係。堂會更在同一棟大廈裏面開展了另一個新的單位，利用派物資的機會，建立會員制度，定期與新朋友接觸，其中有不少都開始參與堂會慕道班，甚至進一步信主、受浸等，成為堂會的新成員。雖然疫情減退，但堂會相信這個事工不可以停止。牧師認為，他們用了幾年的時間播種，現在是收割的時候。

"Kairos is pregnant time, the time of possibility when God wants to birth something through us. It is a disruptive moment that calls us to respond to God's invitation." 109

實踐案例 2：

有堂會在疫情這幾年持續參與社關活動，服侍了幾十個基層家庭。但因為疫情開始減退，堂主任認為要改變策略，不必將焦點全放在社關事工上，但又希望延續這幾年的動力，所以計劃重新裝修堂會，開放共享空間、共享廚房、補習事工等，作為一個與社區接軌的空間，讓鄰居可以繼續來使用堂會的閒置空間，開創和發展一些新的事工。疫情之前，他們在堂會屋頂平台建設了一個人造草場，本來是讓街坊的小朋友來學踢足球，但因為疫情而停止。現在他們可以重啟這個事工，並配合新的空間，讓家長和兒童可以聚集和使用。

實踐案例 3:

有堂會經歷了這幾年的社會運動，再加上疫情的衝擊，新上任的教牧見到堂會很多人移民離開，年青人流失，認為堂會需要把握時機，更新轉化。堂會位置很好，有一個高樓底的地舖空間，有落地玻璃面對大街，很適合成為堂會的窗口，開放與社區連接。這空間本來是一個大禮堂，只適合週日崇拜使用，其他時段是用不著的。她建議重新裝修，打開教會，建立一個開放的共享空間，在平日開放，與社區接軌。

未來發展:

神讓這個疫情發生，一定有祂美好的旨意。現在正是千載難逢的"metanoia"的時候，是教會更新轉化的"kairos"，要好好把握這個「機會的窗口」(window of opportunity)，不要讓它輕易溜走。世界呼喚著我們要盡快「復常」，回到 2020 年前的生活模式。但筆者認為，「持續轉化」的理念就是要把握疫情帶來的動力 (momentum)，抗衡「復常」，堂會要審視這幾年在疫情中學習到的經驗，領受新的異象，不要停止，持續向前發展。

堂會要把握疫情帶來的動力，抗衡「復常」，並要審視這幾年在疫情中學習到的經驗，領受新的異象，不要停止，持續向前發展。

UNBOX 8

我不但為這些人祈求，也為那些藉著他們的話信我的人祈求，使他們都合而為一。

一家教會
CHURCH AS ONE

走進現場：

以往堂會主要是為自己會友而設，大家一同奉獻和參與，好像一個「私人會所」，平日大門都是關上的，會員需要密碼或鎖匙才可以進入。如有新朋友到來，一般都需要會友陪同或引薦，場地只可以供給會眾內部使用，甚少與其他堂會、機構、社區人士或商業團體共享。一次疫情便打破了堂會對空間的觀念，他們開始明白堂會不再是會友的「私人空間」，而是社區的「公共空間」。教會不再是建築物，而是基督身體的一部分，需要與其他肢體配合才可以一同運行。在疫情期間，不少堂會開始發現社區有莫大的需要，便開始與同區的堂會合作，有辦食物銀行的，也有動員能力高的，便將收集到的物資共享，分派到其他有需要的堂會，不問宗派，互相協作，一同轉化社區。

跨科探索：

「一家教會」(one church) 是一個「國度的觀念」，不是要自己堂會坐大，建立自己的獨立王國，擴大自己的獨立群體，而是要關注整體教會的需要，支援資源不足的堂會，不分你我。神學家史耐達 (Howard Snyder) 聲稱，「堂會的人」通常只專注讓人們進入自己的堂會，但「國度的人」最關心的是讓教會進入世界；「堂會的人」擔心世界怎樣改變堂會，但「國度的人」最關注的是堂會怎樣改變世界[110]。

Mac Pier 在 *A Disruptive Gospel: Stories & Strategies for Transforming Your City* 一書中解釋，在 80 年代，紐約市可說是一個罪惡氾濫的大都會，很多教堂建築物是荒廢的，或被改造變為夜店、俱樂部、食肆等，但是因著不同堂會的領袖打破宗派的界限，定期走在一起禱告，彼此對話、連結、支援，實踐「一家教會」的理念。在這 30 多年來，他親自見證紐約教會的復興，甚至城市裏面的文化轉化。他與紐約的教會領袖，每年一起舉辦"Movement Day"，鼓勵城市中的堂會一同團結起來，禱告、對話，轉化他們的城市。不少歐美或世界各地的城市，都受到他們感染，推動城市轉化[111]。

神學反思:

羅馬書12章5節說,「我們這許多人,在基督裏成為一身,互相聯絡作肢體,也是如此。」不同堂會都是相連的肢體,彼此聯繫,彼此支援,而耶穌基督就是我們的元首。呂宇俊博士在論文《從轉化式學習理論探究「個人與堂會」的轉化歷程》中研究及分析了陳淑娟牧師的堂會,在疫情中聯繫不同的地區堂會,不問宗派,推動「一家教會」(one church) 的理念,一同抗疫,一同配合做社區關懷的工作。他亦引用羅馬書12章3-8節,指出教會在基督裏面是一個身體,但有不同的肢體,不同恩賜的配搭。他強調不同堂會的「多元」,但又是一個「整體」,包括不同的「地方堂會」和整體的「普世教會」,是「多元」,又是「合一」(diversity with unity)。在歌羅西書1章18節,保羅形容教會是「身體」,耶穌就是教會的「頭」,連繫著所有肢體,由祂指揮,而各肢體又要互相配合,彼此相助[112]。

實踐案例 1：

有堂會因為舊有物業被收購，而收回的金錢足夠購買到一個更大的地方，但堂會只有大約 100 人，平日用不着這麼多空間，所以便決定採納共享平台的概念，在平日的時間全面開放，歡迎任何人來使用，又將部分房間分租給有需要的機構。由於環境舒適，面向海景，設計簡約時尚，有開放式的大廚房，又有梯級的看台，吸引了不少信徒或非信徒到來使用，例如租場、開班、媒體拍攝等，在短短的六個多月，已經有超過來自 200 間不同的堂會，及超過 4000 人次來到這個空間。很多跨宗派的大型活動，如事工發佈會、講座、讀書會、神學課程、音樂會、佈道會等，都會租用這個場地，或與他們合辦。亦有不少不同宗派的堂會領袖組團到來參觀，聽他們分享，向他們學習空間的設計和運作。不少堂會都受到他們的感染，回到自己的堂會去推廣共享平台的理念。這個模式亦可以稱為 "one church" 的概念，一個共享共融的地方，彼此合作互動，不分堂會，自從疫情開始後便有更多此類空間的出現。

實踐案例 2:

疫情期間,有兩個年青人籌辦了一個跨越大半年的網上會議,邀請了超過 50 位來自不同背景的神學教授、牧師、領袖、神學生和平信徒等,利用新媒體和社交平台,一同探討及分享教會未來的想像。又有幾個弟兄姊妹自費租用一個茶餐廳的地舖,召集了三十多個來自不同堂會、機構、營商宣教的單位,一同舉辦了一個跨宗派的市集,他們在社交平台宣傳,兩天內到來參與的人數過千。又有弟兄籌辦一個大型的基督教音樂節,租了展覽中心幾個場館和中庭,由不同樂隊表演,效果非常震撼。在疫情後期,又有弟兄姊妹籌辦一個開放日,召集同區 9 個不同宗派的堂會和營商的空間一同開放,他們提供一張路線地圖,讓弟兄姊妹可以去到不同的地點,親身感受他們的空間,聽他們的分享,將收到的異象帶回自己堂會。

我們要建立國度，不是要建立堂會。

實踐案例 3:

有堂會在疫情前已經從事了好幾年社區工作，疫情爆發，他們已經早有準備，比起其他堂會更有效去關懷社區的需要，服侍的包括長者、新移民、婦女、特殊兒童、少數族裔、無家者等。堂會變成了一個資源中心，成為其他堂會學習的典範，不少堂會前來參觀，或到來成為義工，學習怎樣做社關工作。牧師更出版了一本非常暢銷的著作，致力推動社會關懷，並開班教授其他宗派的教會領袖，分享她做社關工作的心得。她又與這些堂會同行，每月與他們見面，鼓勵他們持續發展社區工作。牧師的理念是不分宗派，彼此互相合作和支援，推動社區轉化。

未來發展:

疫情令不少地區堂會建立網絡,彼此認識、支援、合作,成立夥伴關係,甚至一起禱告、對話、聚會、學習等。筆者相信,「一家教會」(one church) 的概念會繼續發展,讓不同堂會更加團結。筆者認為,未來將會有更多堂會的合作項目,以及更多跨宗派的大型活動會陸續發生,特別是年青的弟兄姊妹,他們更容易做到不問宗派,彼此共融和合作。

"As the unity of the church deepens in a city, so grow the vibrancy of the gospel in that same city." 113

D 營商和堂會一起

教會 2.0	教會 3.0					
	牆內的使命空間		牆外的使命空間			另類的使命空間
A 沒有改造的堂會	B 改造部分堂會	C 改造整體堂會	D 營商和堂會一起	E 營商在堂會以外	F 獨立營商	G 另類群體
	1/ 第三地方	5/ 活化空間	9/ 牆內牆外	11/ 職場網絡	13/ 文化藝術	15/ 流散群體
	2/ 一會兩制	6/ 由內而外	10/ 一點多會	12/ 創意營商	14/ 初創平台	16/ 城市宣教
	3/ 釋放資源	7/ 持續轉化				17/ 共居共融
	4/ 合作共贏	8/ 一家教會				18/ 心靈空間
						19/ 微型教會

UNBOX 9

你們是世上的鹽。
鹽若失了味，
怎能叫它再鹹呢？
以後無用，
不過丟在外面，
被人踐踏了。

牆內牆外
WALLLESS COMMUNITY

走進現場：

在疫情前，城市裡營商和堂會共用同一空間的不多，但是疫後這個模式得到更大的發展空間。一個平日是普通營商的環境，在星期日的同一個空間，便變成了教會，營商的背後其實是一個使命群體。這些堂會一般都是以營商模式來接觸街外的非信徒，例如他們的客戶、供應商、合作夥伴等，並藉此建立群體。營商當中又可以宣教，接觸面比一般傳統堂會更廣闊，創造更多有利的機會，每天都可以與非基督徒接觸，彼此認識和互動，教會就不用困在「牆內」，而是能夠將信仰展示在「牆外」。

跨科探索：

疫後教會的新模式不再是圍繞教堂建築物，而是不同的群體，以不同的形態出現在堂會以外，例如咖啡室教會、酒吧教會、市場教會、微型教會、家庭教會和線上教會等。Alan Hirsch 在 *The Forgotten Ways* 中，分享他與一班朋友見到出外用餐在墨爾本市非常流行，便決定一同購買一間餐廳，開辦了一所名為"Elevation"的空間，透過藝術課程、話劇、哲學討論、吉他班、新書發布會、音樂會等活動，在這空間裏與非信徒進行互動。Hirsch 解釋說，"Elevation"不僅是一間教會，而是一所為了將上帝的宣教使命帶入社區而創造的空間[114]。此外，他亦引用了其他例子，有些建立了多年的堂會決定出售教堂物業，以換取商場裏的零售空間，以便近距離接觸他們的鄰居。另一間堂會甚至購買了一間夜總會，將其變為一個社區中心。William McAlpine 在其 *Sacred Space for the Missional Church* 書中亦提到類同的觀念，就是盡量減少教會的主場優勢，他建議信徒應走到教堂建築物以外，去到未信的人感受到最小威脅的地方，如私人住宅、酒吧或餐館等，與他們互動[115]。

一位教會顧問 Reggie McNeal 在他的 *Missional Renaissance: Changing the Scorecard for the Church* 一書中暗示教會是不需要建築物的，提出一個「去教會」的理念[116]，建議教會空間的想像，是可以超

越傳統教堂建築的任何空間。Rainer 亦解釋，X 世代、千禧世代和 Z 世代更喜歡非常規的聚會，可能是在堂會以外的空間發生，而一些大型教會已經開始轉移他們的聚會空間，變成在規模較小的地點或場地舉行 [117]。他說，週日早上聚會兩三個小時的日子已經過去了，因為崇拜聚會不一定要在週日早上在大禮堂舉行。

神學反思：

萊特定義「神的使命」(Mission of God) 是信徒以神的子民身分，參與祂在世上的宣教，以救贖所有受造之物 [118]。「神的使命」的拉丁文為"Missio Dei"，"Missio" 是「差遣」或「使命」的意思，"Dei" 就是神。「神的使命」，從亞伯拉罕開始，到以色列進入迦南地，到現今的新約教會，是要將神的救贖帶給地上的所有受造之物。萊特認為，整本聖經是一個「宣教」的現象，聖經本身就見證著神為整個創造，藉著祂的子民在地上「宣教」的故事 [119]。神學家史托得 (John Stott) 作為 1974 年《洛桑公約》的主要起草委員之一，認為「宣教」是由神的本質產生的，他稱宣教為「普世性的神」透過「普世的信徒」的「普世宣教的運動」[120]。

David J. Bosch，一位在宣教學上俱有影響力的學者，指「宣教」是神的屬性，或可以稱祂為「宣教的神」[121]。他解釋「宣教」可以被看為神進入世界的一個運動，而教會就是神的工具，成立「教會」就是為了「宣教」，而參與「宣教」就是參與神對世人愛的運動當中 [122]。同樣，萊特亦稱「宣教」不是為了「教會」而去做的，而「教會」的成立就是為了「宣教」，這就是「神的使命」[123]。基本上，「教會」成立的唯一目的是「宣教」，如果「教會」不執行「宣教」的使命，就會失去其存在的意義。Frost 與 Hirsch 稱上帝是希望看到人類和創造物得到和解、救贖和癒合，「教會」是一個神差遣的群體，去到一個破碎的世界並為其帶來醫治 [124]。McAlpine 在他的書中亦寫到，「教會」的本質便是要「宣教」，「宣教」不是「教會」要做的活動，而是「教會」就等於「宣教」[125]。

實踐案例 1:

有堂會在出外短宣時，見到當地宣教士經營一些「營商宣教」項目來接觸當地人，例如開咖啡室、食肆等。他們決定將異象帶回堂會，將堂會其中一個單位改造為一間商業咖啡室，以營商模式去接觸街外的人。咖啡室又是一個共享空間，有零售小店，又不時舉辦桌上遊戲活動，或音樂聚會，又或者租給其他人包場、辦派對或其他不同的活動。

實踐案例 2:

疫情期間，開始有更多「營商宣教」的和堂會在同一空間出現，如辦公室或商業空間。有些弟兄姊妹的公司平日是營商的，週日就變成教會。又有在疫情期間離開了所屬的堂會，出來自己開辦堂會。他們有些會利用自己的專業，如經營中醫診所的，平日是營商，晚上或週末可以變為教會聚會的空間，亦可以將營商賺取的金錢，用作支持堂會發展。

實踐案例 3：

有髮廊教會利用傳統的商業模式，經營了超過 10 年時間，可說是城中營商宣教模式最具持續性的堂會，只要繼續有客人，能夠提供好的服務，他們就可以維持下去。就算在疫情的打擊下，客人也需要剪髮，所以對生意的影響不太大。他們在髮廊旁邊的同一層的空間亦開了一間餐廳，與髮廊一起營運，在這裏可以接觸到不少食客、鄰近的家庭等。在疫情期間，他們更在附近開辦了一間幼兒教育中心，接觸家長，星期日又可以變成教會辦主日學的空間。

實踐案例 4：

有一間餐廳，異象是要服侍基層及邊緣人士。有座堂教會與他們合作，將一樓全層以低廉的租金給他們使用，他們聘請戒毒及更生人士，訓練他們在廚房工作，銷售廉價餐，讓區內的基層人士可以到來食用。他們又作外展工作，到附近的基層家庭探訪，派飯給他們。餐廳慢慢變成了一個社群，開始有崇拜和小組聚會，更可以稱為一間基層教會。

未來發展:

疫情打破了傳統大堂會的聚會思維,弟兄姊妹開始明白,建立教會的目的,是要將教會帶到人群當中,在他們的生活環境中建立教會群體,進行宣教。堂會留在建築物的「牆內」不一定有效,反而在堂會「牆外」,在不同的場景,如公共空間、商業環境、學校等,都可以建立群體,接觸更多外面的人。

筆者作為一名建築師,非常明白在城市中建造教會是有很多限制的。其實在城市裏面,只有八分一的堂會是建築在機構用地上,其餘的都是位於不同用地的建築物,租用或購買裏面的單位作為堂會使用。但是如果不將教會視為建築物,或將堂會分拆為小組,便可以更彈性地處理聚會的空間,包括在公共空間,如公園、學校、商場、餐廳、社區中心等;或者在私人空間,如辦公室、住宅、工作室、屋苑會所等。地方又不需要很大,又不需要複雜的影音設施等,實在可以有無數的選擇。

「教會」的本質便是要「宣教」,「宣教」不是「教會」要做的活動,而是「教會」就等於「宣教」。[127]

UNBOX 10

那許多信的人都是一心一意的，
沒有一人說他的東西有一樣是自己的，
都是大家公用。

一點多會
SHARED COMMUNITY

走進現場：

由於疫情的影響，不少企業營運模式都被改變，有人在家工作，有人在網上開會，員工不一定要回到公司，所以很多公司開始轉變寫字樓空間的運作模式。因為不是每一個同事都需要一個固定的位置或房間，辦公室的空間不如以往所需要的那麼大，辦工和開會的位置也可以更為流動。有一些基督徒僱主開始將公司的空間釋放出來，租借給小型教會或其他群體使用和聚會。

有不少離開了堂會的信徒，並非不想聚會，而是希望能夠組織一些小群體，繼續在堂會以外聚會，甚至有些可能會發展成為新型的小形堂會。他們不需要固定的場地或辦公室，有不少會租借其他空間，如會友的辦公室或一些商業的共享空間，作為他們接觸外界和聚會的地點。

跨科探索：

近年有不少人倡議「共享經濟」的概念，就是將不需要或用量低的東西拿出來與他人共享，主要精神是環保和避免浪費資源。其實「共享」是聖經裏面的一個理念，使徒行傳曾經兩次提及「凡物公用」這個觀念，叫初期教會的信徒，將他們擁有的物資、財產、田地等變賣，與有需要的人共享。有人說是回應當時社會的需要，協助一些貧窮和資源不足的家庭。現代的以色列有 Kibbutz 出現，理念有點近似，但是未能成功地實現或普及化。現在的教會與初期教會的處境有所不同，未必可以做到凡物公用，但如果能夠將教會共同擁有的資源拿出來，與有需要的人共享。特別是城市裏面的空間狹窄，信徒群體可以考慮開放堂會、住家、辦公室等，與他人共享，或作聚會的地方。

神學反思:

舊約聖經有一個「共享」的理念,可被稱為「拾取所遺落的」(gleaning)。利未記 19 章 9–10 節說,「在你們的地收割莊稼,不可割盡田角,也不可拾取所遺落的。不可摘盡葡萄園的果子,也不可拾取葡萄園所掉的果子;要留給窮人和寄居的。我是耶和華—你們的神。」土地擁有者不應該收割到田地的邊緣,田裏所剩下的都應留給有需要的人和寄居者來撿作食物,這是一個安全網,給附近貧困者的一個關懷[128]。遂特 (Leonard Sweet) 在他的書 *Rings of Fire: Walking in Faith through a Volcanic Future* 中亦提出一個類同的概念,叫做「剩餘神學」(theology of leftovers)[129]。他解釋,每次耶穌主持有關食物的神蹟,在完結時總是有剩餘的。在馬太福音 14 章 13–21 節的「五餅二魚」的故事中,耶穌從五個麵包和兩條魚開始分派,足夠 5000 人食用,最後更剩餘了 12 個籃子。「拾取所遺落的」和「剩餘神學」的精神就是,神給我們的供應一定超越我們所需要的,所以我們應該將剩餘的,無論是空間、物資、金錢、甚至時間,與他人分享。

Munther Isaac 稱土地是要分享的,不是個人擁有的,是神給我們作社會公益的禮物[130]。初期信徒實踐「凡物公用」的原則,使徒行傳 2 章 44–45 節中說,「信的人都在一處,凡物公用,並且賣了田產、家業,照各人所需用的分給各人。」希臘文的用詞是 κοινός (koinos),意思是「所有人一起分享」。同一個詞在使徒行傳 4 章 32 節再次出現,強調初期教會的信徒,因著當時的社會環境惡劣,都願意與其他有需要的人共享他們的財物。正因他們這樣的慷慨共享,上帝就將得救的人天天都加給他們。他們不單分享財物,更會開放自己的家,讓信徒進來聚會,這便是「家庭教會」的開始。保羅在書信中談及到不同的「家庭教會」,包括亞居拉和百基拉的 (哥林多前書 16:19、羅馬書 16:3–5)、腓利門的 (腓利門書 1:2) 和在老底嘉的「家庭教會」(歌羅西書 4:15)。

實踐案例 1：

有弟兄在疫情期間將公司重新裝修，騰出一半的空間變成一個共享平台，建立共享辦公室，分租給一些只有一兩人的小機構，或初創事工來使用。有一個開放式的廚房，和一些不同大小的會議室，和多用途房間，租借給神學院上課，或供不同的機構、教會聚會。因為公司是做醫療產品的業務，他們又將一些房間變為中醫診所，讓醫師義務診症。

以往擴堂的觀念是「一會多點」，現在反而是「一點多會」。

實踐案例 2：

有弟兄在疫情期間見到公司生意減少，自己又處於半退休狀態，便將公司超過一半的空間騰空出來，以便宜的價錢租給非牟利機構使用。機構就將以往開放式辦公室，變成了一個共享和聚會的大空間，開放給與他們合作的教會、學校和弟兄姊妹來使用。

實踐案例 3:

有機構租用了全棟的商業大樓，將一半的樓層，分租給不同機構、教會和事工等，頂樓開放為 24 小時禱告中心，地下有零售店和餐廳，將商業大廈變成了一棟共享的基督教大樓。在不同的樓層都分別有小禮堂、課室、或多用途空間以供租用。有弟兄在其中一層創辦了一個共享空間，再分租給不同的小機構或初創事工共用，又幫他們籌款，建立品牌，讓更多人能夠認識他們的工作。共享平台設有不同大小的多用途房間，給駐場的小機構、或外面的團體租用，還有幾間堂會在不同時段使用多用途房間作崇拜聚會。合作共享、彼此支援、建立協同效應，是他們這共享平台的精神。

未來發展：

以往的堂會多採用「一會多點」的植堂模式，即是一間堂會不斷增長，就會在不同地區植堂，開設多個聚會地點。但在疫情期間，不少弟兄姊妹離開了所屬堂會，組織了不同的使命群體，越來越多小型群體開始出現。他們不一定有充裕資金去購買物業，或獨立租用一個單位來聚會。因此很多小型群體或堂會都不介意放棄傳統獨立堂會的模式。他們對於聚會時間和聚會空間都能夠彈性處理，或許與其他群體或堂會分享同一個空間。這個新模式就是「一點多會」的理念，相信會在堂會以外繼續發展。筆者鼓勵擁有空間的弟兄姊妹，無論是辦公室或住宅單位，都可以考慮「凡物公用」的理念，釋放空間與其他群體共享使用。

"The land is something to share, not to possess.
It is given as a gift for the good of the society …" 131

E 營商在堂會以外

130

教會 2.0	教會 3.0					
	牆內的使命空間		牆外的使命空間			另類的使命空間
A 沒有改造的堂會	B 改造部分堂會	C 改造整體堂會	D 營商和堂會一起	E 營商在堂會以外	F 獨立營商	G 另類群體
	1/ 第三地方	5/ 活化空間	9/ 牆內牆外	11/ 職場網絡	13/ 文化藝術	15/ 流散群體
	2/ 一會兩制	6/ 由內而外	10/ 一點多會	12/ 創意營商	14/ 初創平台	16/ 城市宣教
	3/ 釋放資源	7/ 持續轉化				17/ 共居共融
	4/ 合作共贏	8/ 一家教會				18/ 心靈空間
						19/ 微型教會

UNBOX 11

那時，猶太、加利利、撒瑪利亞各處的教會都得平安，建立起來，凡事敬畏主，蒙聖靈的安慰，人數逐漸增多。

職場網絡

NETWORK COMMUNITY

走進現場：

疫情期間，堂會被迫關閉，或者會友需要提供打針證明，才可以進入宗教場所聚會，所以有些弟兄姊妹將自己的家或辦公室，開放給不能進入堂會聚會的人，作觀看網上崇拜，甚至實體崇拜聚會之用。疫情令我們意識到，教會實體聚會不一定要在宗教場所進行，職場裡的空間，所謂的「第二地方」，平日都有許多時段是閒置的，應該釋放出來使用。信徒又可以建立新的使命群體，將教會帶進職場。有些堂會和機構多年來都鼓勵弟兄姊妹不一定要留在堂會事奉，期望差派他們出來，在他們每天工作的地方發展職場網絡。而因為疫情，不少弟兄姊妹開始重新發現職場的發展潛力。

跨科探索：

職場是打工一族每天花費大部分時間停留的地方，耶穌和門徒每天也在職場與他人互動，新舊約中亦有頗多人物都是營商的。每人每週工作時間可能超過 40 小時，但在教會的時間可能不足其十分之一。

史福索牧師 (Ed Silvoso) 在他的 *Ekklesia* 一書中推動"ekklesia"的教會模式。他解釋，新約聖經所說的聖殿和猶太會堂，與耶穌來要建立的"ekklesia"絕不相同，聖殿和猶太會堂定點在建築物裡，是當時的建制，會員進來有指定的時間，指定的禮儀，和有特定的目的；而"ekklesia"是沒有建築物和制度的流動群體，以 24×7 的模式在商業市場裏運作，目的是要在商業市場發揮巨大的影響[132]。他說"ekklesia"的精神是要在最平凡的社交環境中與人接觸，就像耶穌將餐桌變為講壇，將住家變為聚會的地方，與陌生人互動，一同分享福音。"ekklesia"不會限制聚會人數、地點和時間，而是不斷滲透整個城市，耶穌和門徒就是將耶路撒冷城變為一個「大教會」，一個"ekklesia"的「大平台」。耶穌令到城內的人都感受到"ekklesia"的存在，及其影響力和另類文化，成為當時一股革命性的力量[133]。

神學反思：

在舊約中，希伯來文 לְהָק (qahal) 代表「聚集在一起的一群人」或「一群屬神的人在一處地方敬拜神」（申命記 10:4, 23:2-3, 31:30；詩篇 22:23）。在新約，希臘文 ἐκκλησία (ekklésia)，翻譯為「教會」，指「聚集的一群人」或「屬於基督身體的信徒」。ἐκκλησία (ekklésia) 在希臘的日常用法是指，「由市鎮辦事員召集的公民公開集會，以解決公民事務」。ἐκκλησία (ekklésia) 可以分為兩部分，分別是 ἐκ (ek)「從某處出去」及 καλέω (kaleó)「被呼召的」。合併解釋 ἐκκλησία (ekklésia) 便是「一群在世上被上帝呼召出來的人」，而這群人聚在一起便成為了「教會」，即基督的身體。故 ἐκκλησία (ekklésia) 的原意沒有涉及「建築物」。若是指「神的殿或教堂的建築物」有另一希臘文 κυριακός (kuriakos)，這字是由 κύριος (kurios) 而來，即是「屬於主」的意思。Woodward 與 White 解釋教會並不是一座建築物，也不是每星期的一個崇拜聚會，而是一群從這世界中被呼召出來屬神的人，然後被差派再進入世界，使世界得到救贖和更新[134]。

根據福音書的記載，在耶穌的教導中，只有兩次提及 "ekklesia" 一字，分別是馬太福音 16 章 18 節：「我要把我的教會建造在這磐石上」，及馬太福音 18 章 17-20 節：「若是你們中間有兩個人在地上同心合意地求甚麼事，我在天上的父必為他們成全。」在使徒行傳中，"ekklesia" 常指聚集的各地信徒，如耶路撒冷的教會（使徒行傳 5:11）、安提阿教會（使徒行傳 13:1）和凱撒利亞教會（使徒行傳 18:22）。在保羅的書信中，每一獨立地方的信徒群體都被形容為「教會」，如哥林多前書 1 章 2 節的哥林多教會、在啟示錄提到的七個地方教會等。同一個字 "ekklesia" 也代表地方教會或普世信徒群體（使徒行傳 9:31），但並沒有涉及到用「建築物」來形容教會。

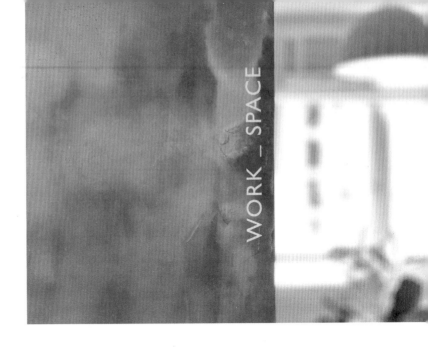

WORK — SPACE

根據 Michael Goheen 分析有關"ekklesia"這字時，他說這字很明顯是代表由舊約以色列民的聚集，再延伸到新約的教會 [135]。他強調"ekklesia"是指上帝在不同的地方招聚了一群人，成了一個獨特的群體。耶穌的受死與復活，神的國度就由以色列的選民，延伸到不同的國界的外邦人當中。現今我們可以再將"ekklesia"演繹為由堂會延伸出去的一個職場網絡。

"Ekklesia was a building-less mobile people movement designed to operate 24/7 in the marketplace for the purpose of having an impact on everybody and everything." [136]

實踐案例 1:

有堂會鼓勵弟兄姊妹在他們平日工作或活動的地方建立群體，將教會帶到人群當中。他們的在不同的場景，例如教育中心、保險公司、診所、藝術工作室、街市、甚至在巴士裏面接觸非信徒。他們首先與其建立關係，再建立職場使命群體，甚至微型教會。牧師不是要弟兄姊妹將未信主的人帶回堂會，而是差遣每一個弟兄姊妹出去，成為城市宣教士，鼓勵他們平日在堂會以外宣教。牧師不斷支持他們，為他們祝福禱告，推動職場宣教，建立網絡。教會不再留在堂會的四面牆內，而是滲透到城市裏，在不同階層、不同的空間裏發生，社區、職場、家裏，在什麼環境中都可以。弟兄姊妹就在各自的場景裏建立教會，不需要帶他們回來本來所屬的堂會。這就像初期教會一樣，流動在城市的不同角落，將教會帶到人群當中。

實踐案例 2:

在金融業界中，有姊妹在公司裏開辦團契、查經、祈禱小組及啟發課程多年，都是間斷性的聚會。她見到公司裏開始有不少人信主，但週日要帶他們到公司以外的堂會聚會，實在有點困難。她又認為有需要像初期教會一樣，每天都可以有聚會、禱告、團契、查經、敬拜等，就決定在公司裏建立教會，這樣便可以天天與其他信徒和非信徒互動。她又發展網絡，鼓勵其他公司參考他們的模式，在各自公司中建立職場教會。

實踐案例 3：

建築業界都有公司透過工作接觸不同的承辦商、判頭、供應商等。其中一間利用基督教文化和價值觀，在公司裏系統性地推動「家」的文化。他們銳意關心做勞力的「師傅」和他們的家人，給他們尊榮，為他們充權；又實行友師計劃，關懷年青的同事。他們在公司裏聘請駐場傳道人，作關懷和牧養的工作，可以說是「職場教會」的模式運作，並希望將公司實踐的經驗分享給業界不同的「行家」，將他們的模式複製出去，連結不同的公司，建立網絡，轉化業界的文化。

實踐案例 4:

有弟兄在大學讀醫科的時候，已經有異象要發展「職場教會」，畢業後便開始與不同醫院裏的弟兄姊妹聯繫，建立職場網絡，舉行定期聚會，他形容為「織網捕魚」。後來他又開辦了自己的診所，接觸和關懷病人，每天在診所裏都有敬拜禱告，星期日會又有另一崇拜聚會，邀請病人一同參加，凝聚社群。他又認為社區需要的是「醫治」，便開辦醫療義工課程，培訓街坊，組織義工隊伍，陪伴及關懷社區內有需要人士。他認為經歷了疫情，更多人的心已經打開，更能夠接受關懷以及福音，所以更需要有人與他們同行，共建社群。

未來發展:

疫後的堂會更需要推動發展職場的工作，宣教不再是牧師或宣教士獨有的職責，而是要推動每個弟兄姊妹在他們的工作場景裏進行宣教，就如耶穌、彼得、保羅等，每天都在職場裏，將基督教文化帶進人群當中，影響生命；又可以與其他職場的信徒互相連結，建立網絡，彼此支援。

筆者認為，職場裏面其實有不少基督徒老闆，以及不同業界有影響力的弟兄姊妹。他們不一定明白自己所在的崗位是神的召命，但若能夠清晰收到異象，釋放他們所在位置的潛能，彼此連結，建立「職場網絡」，實在是可以有無限的影響力，必定能夠轉化城市中職場的文化。

轉化職場，比起轉化教會可能是更容易，更有效。

UNBOX 12

你們是世上的光。

城造在山上是不能隱藏的。

人點燈，

不放在斗底下，

是放在燈臺上，

就照亮一家的人。

你們的光也當這樣照在人前，

叫他們看見你們的好行為，

便將榮耀歸給你們在天上的父。

創意營商
MARKETPLACE COMMUNITY

走進現場:

疫情啟發了很多人關於傳福音的新想像，不少弟兄姊妹利用他們的恩賜和專業，創辦有創意的「營商宣教」或「使命營商」的生意或社會企業，在教會的牆外的不同行業和商業空間，接觸到無數的非信徒。他們又利用創意的空間，加上有創意的模式，軟硬件互相配合，將福音帶進職場裏面。

跨科探索:

提摩太．凱勒牧師 (Tim Keller) 在 "2010 Entrepreneurship Initiative Forum" 的演說中稱上帝為企業家的始祖 [137]。其實在過去十多年，「使命營商」在不同國家的職場都產生了不小轉化作用。「使命營商」的理念是全人關顧，希望透過上帝的愛去轉化人類的經濟、社會、環境與靈性 [138]。BAM Think Tank China 在 2014 年出版了一份名為 "Business As Mission in and from China" 的報告，讓我們得知國內的基督徒透過不同方式在商業市場內營商宣教，的確起了重大的影響和轉化作用 [139]。雖然沒有清晰的文獻或數據記錄，但很多國內的地下教會和信徒就是透過這個模式進行企業活動，與很多未信的員工和顧客傳揚福音。

在 BAM Global Movement: Business as Mission Concepts & Stories 一書書中，作者 Gea Gort 與 Mats Tunehag 列出世界不同地區以不同形式進行的「使命營商」案例。例如在柏林的市中心有一社區中心，以全人關顧的理念，集教育、健康和家庭服務於一身 [140]。這中心樓高六層，佔地面積 2400 呎，內有咖啡室、多用途室、禮堂等，供展覽、表演及教會活動之用，另有幼稚園、辦公室、醫療室及輔導室，在不同樓層營運。另一個案例是位於倫敦東部的繁忙街道上，負責的牧師將地舖變為一間商業咖啡室，他說一星期內接觸的陌生人，就等於他過往全年在教會接觸的新朋友，牧師強調：「我們需要新的模式，與不會進入教會的人連結，從而建立關係 [141]。」他利用這個空間來嘗試不同活動，如音樂

會、桌上遊戲、讀書會等，每星期三晚定期舉行崇拜，並邀請顧客留下，目的是要將教會放在大城市的中心。

在地球另一端的首爾，近年出現了很多時尚的「咖啡室教會」(Cafe Church)，目的是要吸引那些 18 到 30 歲離開了教會的年青人。這些教會彌補了很多超級教會沒辦法吸納年青人的不足，因為年青人認為上一代的教會太過制度化，很難融入[142]。另一位在推動營商宣教的韓國商科教授認為，信徒是被呼召到「公共空間」去見證耶穌的。他解釋，在耶穌的年代，基督徒於羅馬市集當中非常活躍，而現在上帝就是要挑戰教會如何在現今職場上活出天國的價值觀[143]。因此上帝的宣教使命不一定是局限於傳統教會之內，也可以用不同的商業模式去回應社區的需要。

Mark Deymaz 在他書中解釋什麼是「國度經濟」(kingdom economics)，他強調營商不只是為了賺錢，而是應該發揮「國度性的影響」(kingdom impact)，影響生命和社區，更要有持續性，讓神的國度顯現在人間[144]。

神學反思：

Matt Broweleit 認為，基督教世界將初期教會的精神從一起宣教的流動群體，轉變為以建築物為中心的宗教場所[145]。他強調，初期教會的精神是要融入當地文化，滲透於當地社會，所以信徒刻意拒絕建造或佔據一些建築物[146]。舊約中的聖殿是「聖俗二分」的，但耶穌到來卻是要打破這個鴻溝。在馬太福音 27 章 51 節中，耶穌離世的一刻，聖殿的幔子由頂到底裂開，將神聖的至聖所向庸俗的世界打開，意味着神聖的與世俗的融合，所以新約教會是要共融的[147]。君士坦丁卻要將教會回復到舊約模式，他不但「重建」了聖殿，還「重建」了舊約的祭司制度和禮儀，將神聖的與普羅大眾再一次分隔[148]。Frost 與 Hirsch 認為教堂的建築物代表了教會的神學理念，他們解釋，教會建築深深塑造了信徒的信仰，基督教世界帶來了華麗的建築、宏偉的大教堂、尖頂、彩色玻璃、木長椅等，間接將信徒困在教堂的「堡壘」中，妨礙信徒接觸建築物以外的社群[149]。教堂建築令信徒忽視了教會成立的真正意義，即是宣教的使命。

「聖俗二分」的觀念一直延續到今天的教會，Broweleit 認為，現今西方大多數的教堂建築仍然在暗示類同的信息，就是上帝與人是分離，信徒亦是與世界分離的[150]。當福音要驅動信徒「出去」的時侯，教堂建築卻叫他們「留低」；當福音說「尋找迷失的羊」的時侯，建築卻說「讓迷失的尋找教會」[151]。Frost 與 Hirsch 亦認為這是「我們」與「他們」的意識形態[152]，教堂建築亦無形中將「局內」與「局外」、「神聖」與「世俗」的劃分了[153]。這「聖俗二分」的觀念，令很多信徒認為週日在教會是「神聖」的，但平日在職場所做的卻是「世俗」的。

> "Christians were intentionally staying away from religious buildings and instead putting themselves into every other sphere of culture."[154]

實踐案例 1:

有幾位來自不同堂會的年青傳
道，見到疫情期間很多人都滯留
在城市，不能出外旅遊，又覺得
桌上遊戲頗受歡迎，所以希望利
用桌上遊戲來接觸堂會以外的
人。他們成立了一個社會企業，
申請了社創基金，和傷殘人士合
作，借用不同堂會和營商的空間
開辦桌遊活動。他們一方面可以
協助堂會開拓外展的空間，另一
方面又可以幫助傷殘人士就業，
最重要的是可以將非信徒帶到教
會群體裏，彼此認識和互動。

實踐案例 2:

有位自稱為宣教士的牧師見到近年很流行跑步,又因為疫情,很多人都更為關注健康。於是他租了一個小店,開辦一間以跑步為主題的餐廳來進行營商宣教。他又創立了一套嶄新的跑步方式,開始舉辦跑步班,無論什麼年齡和身體狀況的人士都歡迎參加。他透過教授 12 堂的跑步課程,有創意地分享福音。跑步班發展迅速,除了一些教內人士,參加者中都有不少非信徒,而每次報名人數都是超額的。牧師慢慢建立了一個獨特的品牌,以創意的模式,透過跑步、主題餐廳和教會在城市中進行營商宣教。

這是「我們」與「他們」的意識形態，教堂的建築亦無形中將「局內」與「局外」、「神聖」與「世俗」的劃分了。[155]

實踐案例 3:

疫情期間，有幫助特殊兒童 (Special Education Needs / SEN) 的社會企業開辦了一個教育中心，提供支援家長課程，內有輔導室和共享空間，讓家長和特殊兒童都可以到來，得到適當的培訓又可以彼此認識，互相支援，建立社群。他們又開始在這空間中開辦教會聚會。

實踐案例 4:

有一位年青傳道人認為城市人需要多點運動，在疫情期間，開辦了一間拳館，教授泰拳和健身運動。他利用這個平台接觸年青人，在教班時又會分享信息，並在拳館裏開設新形態的崇拜聚會。有不少牧者同工，和堂會的不同的團契都會來這裏做健身運動。傳道人又會做外展工作，將健身運動和福音信息，帶到不同公共空間、學校和堂會等。

未來發展:

疫情令到弟兄姊妹開始明白應該拉近教會與職場的距離，而神聖與世俗不應該是分離的，在職場裏發展「創意營商」或社會企業，都是疫後的新出路。不同行業、興趣和恩賜都可以是開創營商的新機遇，一方面透過營商，賺取利潤；另一方面透過宣教，實踐使命。在牆外不同的商業空間，吸引非基督徒一同參與。

筆者認為，教會以往傳統的傳福音模式，對新一代不再有效，需要用創意的新模式來接觸年青人。在新潮的營商空間，透過興趣和不同的生活體驗，例如沖咖啡、烘焙、藝術創作、運動等，將福音元素加入其中，無形中福音便得到傳遞。期待有更多創意福音的模式，在不同的「創意營商」環境繼續出現。

F 獨立營商

教會 2.0	教會 3.0					
	牆內的使命空間		牆外的使命空間			另類的使命空間
A 沒有改造的堂會	B 改造部分堂會	C 改造整體堂會	D 營商和堂會一起	E 營商在堂會以外	F 獨立營商	G 另類群體
	1/ 第三地方	5/ 活化空間	9/ 牆內牆外	11/ 職場網絡	13/ 文化藝術	15/ 流散群體
	2/ 一會兩制	6/ 由內而外	10/ 一點多會	12/ 創意營商	14/ 初創平台	16/ 城市宣教
	3/ 釋放資源	7/ 持續轉化				17/ 共居共融
	4/ 合作共贏	8/ 一家教會				18/ 心靈空間
						19/ 微型教會

UNBOX 13

我們是他所造之物，
在基督耶穌裏創造的，
為要使我們行善，
就是神早已預備好要我們做的。

文化藝術
CREATIVE COMMUNITY

走進現場：

在疫情期間，有不少弟兄姊妹開始發展不同的興趣，創作一些藝術品或手工藝品，如藝術書法、皮革、花藝、小飾物等，建立「自媒體」網頁，開創自己品牌，在市集擺賣，開設銷售平台等。有些更會建立自己的工作室、零售小店、或文化藝術空間，在堂會以外開創有理念的「使命營商」空間，在商業環境接觸非信徒。

跨科探索：

Frost 與 Hirsch 在他們的書中建議教會可以創辦一些文化創意項目，並尋找一些社區合作夥伴，開拓機會讓基督徒與非基督徒一同合作，一方面可以讓雙方建立更深入和長久的合作關係，另一方面又可以回應社區的需要[156]。他們引述了一個在洛杉磯的例子，是一地區堂會與一間當地機構合作，將波摩納第二街轉型為一個藝術家殖民地。他們共同建立了表演空間、畫廊、工作坊場地、課室及辦公室等，並交給當地藝術團體營運[157]。這個計劃讓堂會離開安舒的宗教空間，與外面的非信徒直接接觸，就像鹽和光一樣滲透到他們的文化當中，從而轉化社區[158]。

疫情期間，台灣出現了不少年青信徒創辦的小型文創企業，如咖啡店、麵包店、書店、小飾物店、時裝店、髮廊等。由於當地創業成本比較低，租金和裝修費用也相對便宜，比較容易開辦和發展自己的品牌。有當地堂會連結他們成為一條產業鏈，協助他們籌集資金，建立銷售網絡，支援他們持續發展。

"Many young people these days have so many creative ideas that they want to materialize."

神學反思：

創世記 1 章 26–28 節指出，神創造人類，是照着祂自己的形像和樣式 (imago dei)，要人類生養眾多，遍滿全地，並要管治海洋裏面的魚、天空的鳥和地上各種的生物。神給人類土地，叫人與神共同管理，在土地上與神共同創造和發展 (co-create)。楊錫鏘醫生在他的著作《召命：以生命回應神的召喚》中，以「創造神學」的角度解釋「召命」是信仰核心的一個基本觀念，神呼召我們不只是限於聖工、事奉或職業，而是包括了整個生命。他認為，「召命」的基本觀念，也就是創造的觀念，每個人都是神所創造的，而祂對每一個人都有個別和獨特的心意[159]。每個人出生之後，神會呼召各人去活出真我，而楊醫是鼓勵我們以生命來回應，善用我們的恩賜，與神共同創造，活出豐盛的生命。

實踐案例 1:

有一位年青弟兄經歷了社會運動之後，覺得很需要有一個
"hea"（休閒）的空間，讓年青人來休息。他便獨資開辦了一個
共享空間，設有開放式廚房，幾部專業咖啡機，可以做咖啡師
培訓；另有一個多用途的空間，可以包場，舉辦不同活動，包
括講座、工作坊、畫展、課程、派對等，平日則是一個休閒的
共享空間；另外亦有一個賣文青產品的小店。年青人很喜歡這
個空間，店主便利用這個機會接觸堂會以外的年青人，與他們
彼此合作、互動、建立關係，將基督教文化帶到堂會以外。

實踐案例 2：

有一位年青人從大學藝術系畢業後，便在堂會開始教授兒童畫班，後來發覺堂會空間不足，便與幾位弟兄姊妹在堂會以外創業，開辦一間小型藝術學校。他們的異象是要用藝術、音樂和興趣班接觸非信徒，包括小朋友、家長或其他參與者。他們的牧師一直都在背後支持，協助他們每月帶領祈禱會，並舉辦一些展覽、講座、佈道會等，與客人分享福音。他們的理念不是要建立教會，而是與地區堂會合作，將他們接觸到的非信徒轉介給堂會。他們有一班同樣有宣教理念的導師，在教學中傳遞正面信息，又可以協助堂會開畫班，培訓堂會的弟兄姊妹自己經營，所謂 "train the trainers"。

實踐案例 3：

有一間設計公司，將辦公室一半的空間改裝為畫廊及共享空間，在門口位置設置「格仔舖」，招攬了十多個年輕藝術創作者寄賣他們的產品，又鼓勵他們開辦展覽、興趣班、講座等，支持年青藝術創作。平日空間有藝術展覽，又開放給其他人來工作、溫習、休息等，以及租場來舉辦講座、興趣班、畫班等。有非牟利機構、社會企業、微型教會等，都利用這個空間舉辦他們的活動。一個年青團隊負責營運這個空間，他們背後是一間「微型教會」，有部分成員負責在這空間當值，在這裏接觸年青人。

實踐案例 4：

有一位年青人，家庭背景較為複雜，自小就要入住院舍。在其他弟兄姊妹鼓勵之下，他決定創業，開辦一間「為人講故事」的公司。公司主要業務是協助一些城市裏的舊品牌建立社交平台，用設計、文字、影像等，幫助他們更新及推廣品牌，讓更多人知道他們的歷史和故事。他的使命是要幫助一些被邊緣化的年青人，聘請及訓練他們一起參與，帶他們每星期與品牌公司的負責人互動，聽取他們的故事，然後在社交平台上發放。

155

未來發展：

不少新一代年青人對「文化藝術」都頗有興趣，有些更有藝術創作的恩賜，值得鼓勵和發展。在疫情之後，信徒群體可以利用文化藝術來吸引他們，例如畫展、工作坊、講座等，創造一些與他們互動的空間和接觸的媒介。筆者認為，以往教會都忽視了「文化藝術」創作，如果要留住年青人，需要在這方面培育及鼓勵他們，例如在堂會裏舉辦展覽、市集等，讓他們發揮各有的恩賜。

UNBOX 14

看哪，我要做一件新事；
如今要發現，
你們豈不知道嗎？
我必在曠野開道路，
在沙漠開江河。

初創平台
PLATFORM COMMUNITY

走進現場：

疫情刺激不少有異象的年輕弟兄姊妹渴望做一些「新事」，例如開辦小形企業，但是他們沒有經驗和資金，市場競爭又很大，很難生存。在疫情後期，開始有些比較資深的弟兄姊妹，有異象去建立網絡平台，給予有興趣初創的年輕人培訓，協助他們寫建議書，申請基金，並與業界的資深信徒聯繫，建立友師關係 (mentorship)，又讓不同的初創企業，彼此認識、聯繫、協作，互相支援。

跨科探索：

Alan Hirsch 在 *Metanoia* 一書中解釋建立「平台」(platform) 的重要性，是要成為一個去中央化的連結網絡，轉化大眾的「文化」(culture) 和「結構」(structure)，例如 Airbnb、Uber 或 Facebook 等，都可以被稱為「平台革命」(platform revolution) [161]。如同一個建築師不能改變使用者的思維，但「平台」可以創造一個新的「文化」和「結構」，無形中改變了使用者的行為、生活習慣和節奏，有效地影響、轉化和改造他們的思想、態度及處事方式 [162]。他引用邱吉爾的說話：「我們塑造建築物，然後建築物卻塑造我們 [163]。」傳統建制的教會或機構應重新審視現有的「文化」和「結構」，重新對準耶穌的使命，重新改造和更新舊有的「平台」。Hirsch 又解釋，錯誤的文化和結構會帶來錯誤的價值和行為，令使命無法達成，例如他建議可以嘗試將「教會」一詞改成「運動」一詞，來幫助我們重新理解建立「教會」的真正意義和使命，其實耶穌是要我們推動一個「運動」，而不是建立一個制度或建築物 [164]。

「平台」的精神是建構一個中立的空間或場景，讓各人來到可以找到適合自己的社群，彼此認識、建立、協作，又可以自然地在「平台」上發揮各人的恩賜。在台北有幾位弟兄創辦了一個職場聯盟的「平台」，讓不同的企業連結一起，在同一個空間裏辦公。他們有共享會議室、開放式廚房和咖啡角，又有一個大型聚會的空間，每個星期都有定期敬拜、

禱告和分享的時間。他們形容這是一個「教會在職場」的理念實踐，又開始複製此模式到同一座大廈的其他樓層，及不同的城市。

神學反思：

神創造天地，其實是建立了一個廣大平台，給人類可以與祂在地上共同建立、創造和發展祂的國度，讓人類可以在這「平台」上發揮神給他的恩賜，互相配合，彼此合作共融，而不是給人類自己獨佔這個地方，互相競爭，各自建立自己的王國。正如現今教會是基督的身體，祂是我們的頭，所有肢體都連結於祂，應該互相配合和支援，共同在這大平台上，一同去管理和發展神的國度。

實踐案例 1:

在疫情之前，有機構見到城市中年青人的需要，開辦了一個有十個位置的初創空間，鼓勵年青人作不同的嘗試，例如透過手工藝創作，或以他們的興趣去創業，學習開辦公司，建立品牌，及進行市場推廣等。空間裏面有工作枱，讓參與者用來辦公和創作產品，機構又在地下設有店舖，讓他們嘗試銷售自己的產品。

實踐案例 2:

在疫情期間，有推動社會企業的組織，申請到基金去建立一個社創的共享空間，開辦社企課程，教導年青人撰寫建議書，申請社創基金，建立不同的社會企業，服侍弱勢社群。他們亦利用這個平台建立網絡，聯繫不同的社會企業，讓他們彼此認識，互相支援，成為一個社企群體。

實踐案例 3：

有非牟利機構與商界合作，開辦一個新型的共享空間，一個新平台，聯繫有使命的年青人，為他們提供培訓，又配對一些業界資深的弟兄姊妹，建立友師計劃，給他們有一個實踐初創的機會。機構也協助這些年青人籌募資金，釋放堂會或弟兄姊妹的資源去支持年輕初創的企業。他們希望建立一個新的網絡、產業鏈和生態圈，彼此連結。

我們的定位是一個「平台」，讓各人在這裏發揮恩賜，建立社群，而不是所有的事工都要自己做。

實踐案例 4：

社會裏有不少持有信念和異象的年青信徒，但在堂會未能受到欣賞，未能發展他們的恩賜。有幾個年青信徒合辦了一個退修營，帶營友到訪城中不同的新型態使命營商空間，刺激他們的思維，幫助他們開放眼光，再鼓勵他們撰寫建議書，建立初創營商項目。另外有一個機構培訓了一群年青初創者，幫助他們每個人做出創新、有持續性和國度的價值觀的計劃，又協助他們寫企業建議書。機構籌辦了一個比賽，讓每個團隊用數分鐘的時間介紹及展示他們的理念，由商界資深評判選出優勝者，並為他們籌備初創的種子基金。

"Our role is not to change the mind of the people ... but to create platforms that architect the organizational culture and structures so purposefully that those we lead subconsciously begin to embody the new paradigm." [165]

未來發展：

疫情驅使一些弟兄姊妹，看見堂會以往的模式，很難有效地去實踐使命，所以決心出來自己建立新模式，在城市裏面，營商和宣教。他們開始連結，組織及建立平台，用合作模式，更有效地發揮他們的恩賜。平台不但可以協助他們連結，建立網絡，還可以彼此支援，分享經驗，共建神的國。

筆者認為，因著這些「初創平台」的推動，能夠造就更多創業者在教會以外建立創意企業。可以預見未來將有更多小企業會繼續發展，百花齊放，擴闊神的國度，在商業社會不同層面出現。

G 另類群體

教會 2.0	教會 3.0					
	牆內的使命空間		牆外的使命空間			另類的使命空間
A 沒有改造的堂會	B 改造部分堂會	C 改造整體堂會	D 營商和堂會一起	E 營商在堂會以外	F 獨立營商	G 另類群體
	1/ 第三地方	5/ 活化空間	9/ 牆內牆外	11/ 職場網絡	13/ 文化藝術	15/ 流散群體
	2/ 一會兩制	6/ 由內而外	10/ 一點多會	12/ 創意營商	14/ 初創平台	16/ 城市宣教
	3/ 釋放資源	7/ 持續轉化				17/ 共居共融
	4/ 合作共贏	8/ 一家教會				18/ 心靈空間
						19/ 微型教會

UNBOX 15

我所使你們被擄到的那城，你們要為那城求平安，為那城禱告耶和華；因為那城得平安，你們也隨著得平安。

流散群體

DIASPORA COMMUNITY

走進現場：

部分堂會對社會運動或其他事情的處理方式，令到不少弟兄姊妹感到不滿，甚至受到傷害，加上疫情衝擊，「離堂」的現象越來越嚴重。有些信徒離開了原本的堂會，或轉投其他堂會，或加入一些職場群體聚會；有些只是參與網上崇拜，沒有實體的群體，又或者完全離開教會，不再回來；又有些移民離港，可能會繼續參與自己堂會的網上崇拜，或在外地找尋新的堂會或群體，重新開始。疫情前後，見到有不少新的群體出現，有的是新建立的堂會，有的變成家庭教會、職場教會或微型教會模式，繼續聚會。Alan Hirsch 在 *Metanoia* 引用使徒行傳 11 章 19–24 節，強調疫情給我們一個完美「流散」的契機，讓教會重整使命，更有效地活出神給我們的「差遣」(sentness) [166]。

一位有七萬人聚會的南韓超級教會牧師所提出一個問題，就是怎樣令會友「離開」堂會，要他們帶着福音出去，而不是要留在堂會的安舒區裏面。[177]

跨科探索：

"Underground Network"微型教會網絡的創辦人 Brian Sanders 在一本名為 *Microchurches: A Smaller Way* 的書中指出，流散的教會比起制度化的教會更接近耶穌原本要建立教會的精神。他解釋，教會越是分散，就越需要僕人領袖，群體問責制，和分享權力[167]。他強調，教會的精神不是要將信徒聚集在一處，而是使他們繼續「流散」，進入社區的不同階層，在街上、妓寨、精神病院、與孤兒、無家者、受害者同行。他說，有需要的人在那裏，教會就應該在那裏，將光明帶進黑暗中，但若果信徒仍然困在堂會裏，耶穌給我們的使命便無法實踐了[168]。

Francis Chan 在 *Letters to The Church* 一書中引用了一位有七萬人聚會的南韓超級教會牧師所提出一個問題，就是怎樣令會友「離開」堂會，帶着福音出去，而不是留在堂會的安舒區[169]。另外一位有四萬會眾的教會牧師，鼓勵他的會眾不要留在堂會超過五年，就像少年人長大了以後便要離開家庭一樣，他們也要在外面開始一個帶着使命的生活。他說，如果會眾留在堂會太久，就永遠不會離開[170]。又有以往在國內經營地下教會的牧師分享，他以為將教會變成地上的三自教會，便可以讓會眾更加自由和更方便去傳揚福音，好像北美的大教會一樣。但他發現弟兄姊妹每週回到教會舒舒服服地坐下，就再也沒有動力出去傳福音。以往地下教會雖然飽受逼迫，但他發現真正的教會應該是這樣，就是一個宣教的運動，而不是一個圍繞着建築物的建制[171]。耶穌訓練門徒不足三年，在不同階段都會差派他們出去，體驗宣教工作。耶穌離去之後，他們便流散各地，各自發展宣教工作，實踐使命。

"The pandemic offered a perfect opportunity to live out our sentness and to reorganize accordingly."[178]

神學反思:

Munther Issac 指出，舊約裏的上帝是一個「流動的神」，因為祂和子民一同在曠野流動，一直住在以色列人的會幕中，直至聖殿建成[172]。其實建造聖殿是大衛王自己的想法，而不是上帝的旨意，因為上帝不會被侷限於一個地方。布魯格曼稱，聖殿將耶和華如同那些沒有動力的偶像一般困在建築物裏[173]。Isaac 解釋，聖殿本身就是人的偶像，將上帝排除在外[174]。使徒司提反在最後一次演講中也讓我們知道：「至高者並不住人手所造的殿。」（使徒行傳 7:48）以色列人，由亞伯拉罕開始，在上帝的帶領下，在不同階段都是到處流散的。他們被迫要離開居住了多年的耶路撒冷，離開安舒區，喪失了財產、土地、聖殿等，流散到巴比倫，一個陌生的地方，重新開始。

耶穌的事工一向是不斷流動的，沒有一個固定的地點，在不同城市、鄉村，到處傳揚福音，就是道成肉身，住在普通人當中生活。耶穌到來並沒有意向重建會幕、聖殿，甚至猶太會堂、教堂建築物等，所以初期教會的信徒仿效耶穌及使徒的流動模式，沒有一個固定的時間和聚會場所。他們會在家裏、葡萄園、船隻、店舖或餐飲等工作的場所聚會，或有時在聖殿的庭院、猶太會堂、市場等公共場所聚會，而不受限制於任何固定的建築物。高紐爾稱初期教會的結構是簡單、流動和有機的，是在激烈迫害下而產生邊緣化的運動[175]。

Larry Kreider 在他的 *Micro Church Networks: A Church for a New Generation* 一書中解釋，我們的神是大教會的神，又是小教會的神。在使徒行傳第二章，第一批信主的三千人感受到大教會的威力，但是他們被聖靈充滿以後，便被差遣到各地，流散到不同地方建立教會，並將福音傳揚到各城各鄉，成為一個不斷流動的群體運動[176]。

實踐案例 1:

在疫情未爆發之前，有新成立的堂會的異象是要服侍離開了堂會的弟兄姊妹，流散的群體。他們成立的精神是要不斷流動，無需一個固定地點或堂址。他們租用不同的場地聚會，很快地吸引了幾百人參與，又善用網絡、科技、社交平台等，網上聚會點擊率達到數千至萬。疫情爆發後，因為移民潮的關係，很多移民外地的弟兄姊妹在當地找不到合適的堂會，都會跨時空和地域一同參與線上聚會，開創了聚會的新模式。他們在外地不同城市物色已經移民的牧者，建立小組群體，在當地進行實體牧養。疫情緩和之後，他們繼續維持線上和線下同步聚會。

實踐案例 2:

在疫情期間，不少弟兄姊妹移民到外地，流散到不同的城市。有些加入當地華人或外國人的地區堂會；又有些牧師或傳道人建立新堂會，租用當地閒置的教堂；又有些與當地社區堂會合作，共用教堂，建立新的華人群體，並協助復興當地的地區堂會；亦有香港的大堂會去到當地植堂，聘請移民外地的牧者，將香港的堂會延伸到外國的大城市；又有牧者開始聯繫不同城市的堂會，建立網絡，彼此支援。

實踐案例 3:

有牧師及傳道人離開堂會，重新投入商業環境，或者發展一些新型的事工、社企等，因為覺得堂會體制很難突破，而在外面更容易接觸非信徒，可以做到更多宣教工作，實踐使命，發揮自己的恩賜。有部分年青神學生畢業以後，本來是裝備到堂會全職事奉，但是見到疫後新環境的出現，就選擇做「斜棟牧者」(slash pastor)，部分時間留在「牆內」服侍，其餘時間就走出「牆外」做其他的工作，可能從事幾份兼職，希望在不同場景找到宣教的機會，例如做音樂、經營網頁、沖咖啡、教興趣班、寫作等。

未來發展:

疫情之後，堂會的傳統制度對一些年青的信徒來說，要他們留下，實在有點困難。現時流散在堂會以外的信徒越來越多，需要有一些新形態的聚會模式來盛載他們，建立新的群體，更需要有牧者在牆外牧養和關顧他們。筆者相信，信徒需要有「聚」的時候，亦有「散」的時候，來回應社會的變局，「流散群體」是疫情產生的一個新現象。

UNBOX 16

所以，你們要去，使萬民作我的門徒，奉父、子、聖靈的名給他們施洗。凡我所吩咐你們的，都教訓他們遵守，我就常與你們同在，直到世界的末了。

城市宣教
SENT COMMUNITY

走進現場：

疫情令到不少傳統宣教士滯留在城市裏面，又見到城中有不少的需要，從而令更多「城市宣教士」開始出現。弟兄姊妹開始明白，宣教不一定要走到遙遠陌生的第三世界國家，或是要經過專業訓練，其實平信徒也可以參與本地宣教。

跨科探索：

在聯合國 2018 年出版的《城市化前景修訂版》中提及：「今天，世界上 55% 的人口生活在城市地區，到 2050 年，這一比例預計將增加到 68% [179]。」因為「城市化」趨勢持續增長，在我們所居住的城市裏面已經可以找到不同國籍和種族的人士，向他們宣教，福音便可以更有效地藉着他們帶回各人的家鄉。城市已經成為經濟、文化及政治的中心，而我們的宣教應該轉移到以城市為中心，而不是以往以落後地區為中心。柏棋博士解釋，21 世紀的宣教模式，不再是穿越海洋、森林和沙漠，而是穿越我們城市的街道 [180]。

以往宣教的模式，是要差派接受過專業訓練的宣教士到發展中的地區作跨文化的宣教。大部分的弟兄姊妹都只是留在堂會裡為他們禱告，用奉獻去支持他們，或間斷性出外作短宣工作。著名英國神學家和宣教士紐畢真 (Lesslie Newbigin) 在他的書 *The Open Secret: Sketches for a Missionary Theology* 中解釋「宣教」一詞，過去一直被認為是在教會以外才做的事情，是被神呼召出來「專業」傳教士的工作，而不是普通信徒日常生活的一部分 [181]。疫情卻喚醒每一個信徒成為「城市宣教士」，帶著使命在他身處的地方實踐宣教。

"Mission is no longer about crossing the oceans, jungles and deserts, but about crossing the streets of our world's cities." [183]

神學反思:

在聖經中，「使命」(mission) 被定義為屬靈的「差遣」(sending)，目的是成就上帝的救贖計劃。聖經一般運用「差遣」為動詞，都是以上帝為主角的。在舊約希伯來文中，主要是用 חַלָשׁ (shalach) 一詞，意思是「差遣」。上帝是主體，差遣一客體，可以是一個人或一個群體（申命記 9:23）。在新約聖經中，差遣這字的希臘文是 ἀποστέλλω (apostelló)，由兩部分組成，分別是 ἀπο (apo) 意思是「由某處離開」；及 στέλλω (stelló)，即「出去」，整個意思就是「由一更高權力差派去完成某個使命」。「差遣」ἀποστέλλω (apostelló) 比起「出去」στέλλω (stelló) 更有加強的意思，意味著「差遣」ἀποστέλλω (apostelló) 這字對於差遣者與被差遣者有一個緊密的關係，或可引伸到聖靈與使徒的緊密關係。正如主耶穌親自差派門徒去處理特別任務（馬可福音 11:2）、差遣十二門徒出去（馬太福音 10:5）、差遣天使等（馬可福音 13:27）。另一希臘文 πέμπω (pempó) 也有「差遣、轉送、允許出去或推進」的意思，強調「差遣」這個動作，而 ἀποστέλλω (apostelló) 是有關「從上帝差遣的特別任務」，並且是「由上帝的主權差遣去服侍祂」的意思。

萊特（Christopher Wright）在其《宣教中的上帝》一書中，強調「使命」(mission) 一詞不單是用來形容人所作的使命，而是有更深層的神學意義，因為上帝才是「使命」的中央核心。他定義「使命」為上帝的子民在上帝的邀請和命令下，委身參與在上帝的「使命」當中，是為了救贖上帝在世界的創造[182]。上帝的「使命」，從舊約的選民開始，延續至新約的教會，直到耶穌的第二次再來。

實踐案例 1：

疫情期間，有宣教士不能離境前往國內宣教，便開始發展城市宣教事工，她與一個共享空間合作，協助共享空間營運，又利用共享空間作為宣教基地，來發展她的城市宣教事工，包括以教授廣東話來接觸新來港大學生，開辦活動，建立社群。

實踐案例 2：

有一位城市宣教士由堂會差遣出來，在堂會以外租借不同的場地，與不同群體合作。她利用社交平台作宣傳，開設週五或週六新型態的聚會，招攬一些離開了堂會的在職年青信徒或非信徒，慢慢開始建立社群，再進一步與他們建立關係。

實踐案例 3：

有牧師自稱為城市宣教士，他認為教會成立的目的是要宣教，而宣教的目的就是要建立教會。他解釋，建立自己的堂會不是要很多人來聚會，而是每一個來聚會的人，不要長期留在堂會，而是要被差派出去，在各人的場景成為城市宣教士，在外面建立群體，發展宣教。

未來發展：

城市裏面的宣教士，是要滲透入不同社區，在不同場景，與不同的人士互動，建立不同的社群，將福音帶到堂會以外的人群當中。筆者認為，堂會應該考慮將以往支持外地宣教士的資源，用作差傳和支持更多本地宣教士，或宣教項目，建立城市宣教工作，針對社區的需要，包括離堂者或基層人士，在堂會以外、職場、以及社區發展「城市宣教」工作。

疫情卻喚醒每一個信徒成為
「城市宣教士」，帶著使命
在他身處的地方實踐宣教。

UNBOX 17

我的百姓要住在平安的居所，安穩的住處，寧靜的安歇之地。

共居共融
INCARNATE COMMUNITY

走進現場:

城市的空間狹窄,特別是經歷疫情這幾年,弟兄姊妹更加清楚看見城市的居住環境,特別是對基層人士產生極大挑戰,有些人在劏房居住,狹小的空間住了很多人,極不方便,環境也很惡劣,引起不少衛生問題。

跨科探索:

Alan Hirsch 在 *The Forgotten Ways* 中提及澳洲有一宣教機構名為 "Third Place Communities" [184],他們的使命是要弟兄姊妹住在人群當中。他解釋,有人聚集的空間就是一個很好的宣教地點,弟兄姊妹會藉此機會進入這些空間,建立真實關係,與這裏的人一同分享生命重要的時光,如生日、婚宴、嬰兒出生等 [185]。Hirsch 又指,他們的聚會模式,包括每週圍繞餐桌的款待,一起做社區服務,為有需要的人籌款,贊助當地的藝術和音樂工作,一起參加葬禮,一起分享生命的意義,甚至一起祈禱、查經、探索耶穌的故事 [186]。

神學反思:

約翰福音 1 章 14 節解釋,耶穌道成肉身,來到世上,住在我們當中,成為我們其中一人,與我們一起生活,讓我們得到祂的平安。Robert Linthicum 在 *Transforming Power: Biblical Strategies for Making a Difference in Your Community* 一書中介紹另一個有關地土的概念,叫做「平安社群」(Shalom Community) [187]。"Shalom" 一般翻譯為「平安」,但 Linthicum 指出,"Shalom" 其實是一個極其豐富的概念,一個涵蓋日常生活所有關係的綜合詞,表達了以色列甚至整個世界人類的最理想生活狀態 [188]。"Shalom" 是一個整全的概念,不只是包括心理的狀態,也可以指身體的健康 (詩篇 38:3)、安全感或力量 (士師記 6:23、但以理書 10:19)、長壽直到自然死亡 (創世記 15:15)、豐盛和飽足 (約伯記 5:18–26、詩篇 37:11、耶利米哀歌 3:16–17、撒迦利亞書 8:12)、王朝的興旺 (士師記 18:5、撒母

耳記上 1:17)、及戰爭的勝利等 (士師記 8:4-9)。"Shalom Community"是一個人類最美好的生活的模式 [189]。上帝的旨意就是將"Shalom"藉著祂的選民帶進世界，創造一個有祝福、有平安、有公義和有公平經濟的世界 [190]。

實踐案例 1:

有一個使命群體經過禱告尋求，藉着神的帶領，發現自己對一個社區特別有負擔，便決定租用幾個單位，讓弟兄姊妹一同住入這個社區。他們會去到街上，不同的店舖和公共空間，認識附近的鄰居，與他們互動，建立關係，關懷他們的需要，有時又會邀請他們來到住宅單位吃飯，甚至讓有需要的人短暫留宿。他們的理念是要仿效主耶穌，住在社區當中，祝福社區裏面的人，支援他們的需要。這是一個使命群體，又可以稱為「家庭教會」。他們在家中聚會，亦會邀請社區裏認識的朋友一同參加。

> "The essence of the gospel is that Jesus became human in the incarnation. He became one of us. He knew us because He was us." [191]

實踐案例 2:

有機構鼓勵擁有閒置住宅物業的朋友，用便宜的價錢租給有需要的基層家庭或無家者居住，一同分租共住一個單位。單位的設計除了有不同房間之外，還重點設計共用廚房、吧枱、客廳等公共空間，鼓勵住客多點互動和溝通，凝聚社群。機構會安排鄰近的堂會照顧在單位居住的人士，包括定期探訪、關懷、和他們一起吃飯，還有物資上的支援，並協助他們尋找工作，渡過難關，甚至脫貧。

實踐案例 3：

有不少堂會的建築物老化，需要考慮重建；或有閒置的土地，可以考慮建造臨時房屋，讓有需要人士暫時居住。有堂會將荒廢了的校舍，向政府申請重建為長者住宅。旁邊就是教堂所在，可以為長者開辦活動，建立社群，讓他們接觸福音。堂會主要是提供土地，與發展商合作，由他們提供建築資金，並協助堂會營運，到若干年後，物業便歸還給堂會。

實踐案例 4：

疫情期間，城中有不少閒置的自由行酒店或服務式住宅，非常浪費。而由於房屋問題嚴重，政府鼓勵非牟利團體開辦過渡性房屋。有機構租用了一棟閒置的小酒店，開辦基層宿舍，讓有需要的家庭或個別人士可以暫住；亦透過這個項目接觸基層人士，為他們提供適切的社會服務，例如個人或家庭儲蓄計劃、社區參與、互助計劃、就業培訓，以及其他支援服務，增強基層人士面對逆境的能力，與他們同行。

實踐案例 5:

疫情期間，有營地因為沒有營友使用，便開放一些房間讓一些不方便回家的牧者，或醫護人員暫住，以免感染家人。他們又讓一些跨境學童和照顧者在營地留宿暫住。營地又與機構合作，讓他們一些更生人士可以在營地居住，並協助營地裏的一些管理，如管理飯堂、維修、園藝等工作。

未來發展:

城市的居住環境狹窄，住宅空間和公共空間都不足，公共房屋又供不應求。筆者認為，在疫情之後，堂會應該審視現有閒置的物業或土地，釋放出閒置的空間，進行更新及活化。「共居共融」的模式，就如耶穌住在我們當中一樣，與社區裏面的邊緣人士同行。

有人聚集的空間就是個很好宣教的機會，弟兄姊妹會藉此機會進入這些空間當中，建立真實的關係，與他們一同分享生命重要的時光，如生日、婚宴、嬰兒出生等。[192]

UNBOX 18

凡勞苦擔重擔的人可以到我這裏來，
我就使你們得安息。
我心裏柔和謙卑，
你們當負我的軛，
學我的樣式；
這樣，
你們心裏就必得享安息。
因為我的軛是容易的，
我的擔子是輕省的。

心靈空間
SPIRITUAL COMMUNITY

走進現場：

疫情加上狹窄的居住環境，對城市人造成不少精神壓力。疫情緩和了以後，城中出現不少暴力或傷人事件，甚至自殺個案，其中不少都是由精神問題而引發的。政府從醫療及社福角度進行處理，而教會可以在靈性上提供協助，舒緩城市人的精神壓力問題。社會運動加上疫情令城市人精神壓力都很大，很需要有更多休息、療癒和禱告的空間，讓人可以停下來與神接觸，得到真正的平安。

跨科探索：

Leonard Sweet 稱美國的後現代社會，正在經歷一個不是由教會帶領的「靈性復興運動」。他認為現在正是自二戰之後，年青一代對屬靈有關的事情表示最有興趣的時代，但相反他們對基督教建制有關的事情，卻是全不感興趣的 [193]。他指出在使徒行傳 17 章中，保羅見到雅典的屬靈氣氛濃厚，人人都崇拜偶像，卻不認識基督的福音。後現代社會的無神論者不斷增加，其中有些群體甚至進駐荒廢了的教堂，舉行一些近似基督教的宗教活動，但卻將神排除他們的信仰以外 [194]。Sweet 解釋，他們最有興趣是嘗試新的經歷，並將這個現象形容為一個靈性的海嘯，基督徒更加需要創造一些嶄新的空間和模式，來抗衡這些信仰活動，並將福音有創意地傳遞給非信徒。

神學反思:

Munther Isaac 解釋到「神聖空間」的理念[195],指出耶穌實際上重新定義了「神聖空間」的意思。「神聖」不再是舊約中會幕或聖殿的「至聖所」那樣的空間,而是耶穌本人就代表了「神聖」[196]。McAlpine 亦指出,當一個人與上帝相遇,生命就受到了觸摸,並因此而發生了戲劇性的轉化,那個地方就可說是「神聖空間」。他在書中敘述聖經裏發生過的「神聖空間」,包括摩西在曠野與上帝相遇(出埃及記 3)、雅各夢見天梯(創世記 28:10–22)、耶穌和兩個門徒在以馬忤斯的路上同行(路加福音 24:13–35),以及保羅在大馬士革路上的經歷等(使徒行傳 9: 1–9)。Victor Turner 與 Edith L. B. Turner 在他們的 *Image and Pilgrimage in Christian Culture* 一書中稱這些為「夾縫中的空間」"places of liminality"[197],透過聖靈的干預,這些人的生命產生了超時空的極大轉化。McAlpine 解釋,這些相遇的空間不一定在教堂建築、聖殿、會幕等所謂的「神聖空間」中發生,他的結論是「神聖空間」的精神是為了轉化,而有關空間的設計和建造,就是為了創造生命轉化的機會[198]。

實踐案例 1:

有一位傳道人，開辦了一個咖啡室的空間。她解釋，一般人都覺得有病的人才會進入輔導室，所以他們以心靈花園作為主題，創造一個舒適的環境，讓陌生人來到可以得到放鬆，透過提供食物和飲料與他們認識和閒談，慢慢建立互信關係，以致能與他們有更深入的對話。他們的團隊有牧師、輔導員、義工等，咖啡室每天都免費供應午餐和下午茶，讓附近寫字樓的朋友可以到來享用。

186

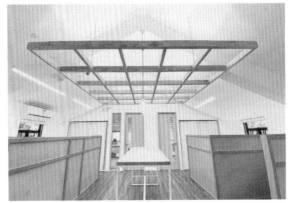

這些相遇的空間不一定在教堂建築、聖殿、會幕等所謂的「神聖空間」中發生⋯⋯「神聖空間」的精神是為了轉化的，而有關空間的設計和建造，就是為了創造生命轉化的機會。199

"Postmoderns are turning their backs on traditional religious expressions and creating new spiritual traditions and do-it-yourself spiritualities ... Postmoderns are hungry, spiritually malnourished." [200]

實踐案例 2:

有退休牧師與一間商業餐廳合作，在每星期的一個下午時段，讓不認識的人可以來到餐廳與牧師喝咖啡閒談，就像一個在教會牆外的「輔導空間」。有些人來到，會將他的煩惱和心裏面的問題向牧師傾訴，甚至會痛哭。牧師在教會牧養多年都很少有機會接觸到這麼多牆外的陌生人，與他們傾談、輔導和禱告。又有一輔導的機構與一間餐廳合作，每星期一次，利用餐廳空檔的時間，騰出一個位置來接觸城市裏面心靈有需要的人。

實踐案例 3:

有一間家庭教會在疫情期間，見到社區裏裡沒有一個可以歇息和醫治心靈的空間，所以在區內物色一個唐樓的小單位，採用當區懷舊的設計，開放一個城市中的心靈綠洲，歡迎有需要的人隨時可以上來禱告或接受輔導。他們的弟兄姊妹，又可以藉此接觸和服侍社區有需要的人士。

實踐案例 4：

有機構開辦了 24 小時禱告敬拜空間，聯繫城中不同
堂會、機構和事工等，共同參與帶領禱告敬拜，又一
同合一禱告去祝福我們的城市。又有些堂會長期開放
部分空間，包括禮堂或祈禱室等，給城市人前來休息、
禱告，釋放心中的重擔。又有機構與不同堂合作，開
辦音樂藝術靈修活動，讓城市人找到一個療癒空間。

未來發展：

在疫情期，城市人精神壓力很大，但又沒有一些療癒的空間，讓人可以安靜下來禱告或休息。在疫情後期，有不同的機構或弟兄姊妹開始以創意的模式，在城市中開拓一些心靈療癒的空間，接觸有需要的人；又有不少新型的治療或輔導模式出現，以及開始普及化，例如藝術治療、音樂治療、沙畫治療、攝影治療、書法治療等，有不少人都有興趣嘗試參與，亦開拓了福音的新機遇。

筆者認為，很多堂會處於城市的核心區，附近鄰居到來非常分便，禮堂平日又很少使用，其實可以開放為一個心靈醫治或禱告的空間。如果禮堂空間太大，可以分隔出部分讓社區人士隨時進來禱告或休息，更可以考慮邀請專業人士，開辦一些治療課程，協助社區有需要的人，讓堂會可以藉此關懷他們。

UNBOX 19

因為無論在哪裏，有兩三個人奉我的名聚會，那裏就有我在他們中間。

微型教會
MICRO COMMUNITY

走進現場：

在歐美等發達國家的教會，過往曾經歷蓬勃發展，但是到了 20 世紀後期，不同地區的教會都開始經歷不同規模的萎縮，參與崇拜人數逐漸下降，教會缺乏年青一代，不少都被迫轉型，賣去部分物業，與其他堂會合併，或租借給少數族裔教會，甚至其他宗教，最不堪的便是要關上大門。疫情爆發給教會帶來了進一步的嚴峻打擊，*Christianity Today* 在一篇名為《美國人回歸教會已經到頂》的報道中表示，雖然大多數堂會已經重啟崇拜，並放寬了口罩令、社交距離和其他防疫限制，但返回堂會的人數不可能恢復到 2019 年疫情前的狀況[201]。根據 Pew Research 的數據，回來崇拜的人在 2021 年九月佔原本的 64%，到了 2022 年三月亦只有 67%，而數據只是顯示每月至少去教會一次的人[202]。「超級教會」(megachurch) 的威力都大不如前，已明顯出現萎縮，而中小型社區堂會已經老化多年，缺乏年青人，很多都已經轉型或面臨倒閉。相反，有一些小規模的「微型教會」(microchurch) 則不斷湧現。

在疫情期間，大型崇拜聚會停止了，有些堂會便將會眾分為不同小組，在弟兄姊妹家中聚會，同步參與堂會的網上崇拜。限聚令取消以後，雖然大部分堂會已經恢復了實體崇拜，但亦有弟兄姊妹開始嘗試繼續在家裏或辦公室裏聚會，發展「微型教會」。

跨科探索：

陳恩藩牧師 (Francis Chan) 早在十多年就發現，他在 1990 年代開始親自建立的超級教會，完全不像新約聖經所描述的初期教會一般。他離開了他在南加州所創立的六千人教會，開始用「家庭教會」模式去建立 "We are Church"。Alan Hirsch 在 Metanoia 中說，疫情是自從第二次世界大戰以來，對全球教會的生態環境影響最深遠的事件，迫使領袖重新審視，教會是否好像以往每週一次聚會的模式，還是可以更流動、更多變、更有彈性。他巧妙地回應堂會不能實體聚會的問題，「其實教會並沒有關門，而是變相在成千上萬的地點展開 [203]。」Bob Whitesel 在 *Growing the Post-pandemic Church* 一書中指出，疫後教會未來的發展模式，主導的將會是小型聚會，而大型聚會將會是例外 [204]。

「微型教會網絡」(Underground Network) 的創辦人 Brian Sanders 解釋，微型教會的主要元素包括敬拜 (worship)、群體 (community) 和使命 (mission)，或者像他所形容的，教會就是一個「實踐使命的敬拜群體」(a worshipping community on mission) [205]。Sanders 解釋，「微型教會」就像一個「宣教團隊」(missionary team)，雖然規模很小，但是滿有靈活性和創造力，可以自由流動，容易開展、帶領、推動，進入不同的地方，以及回應不同的需要，充滿無限潛力 [206]。他們創辦的「微型教會網絡」可稱為一個「使命運動」(missional movement)，網絡中的每一間「微型教會」都帶着獨特的使命，各有自己獨特的名稱，藉着他們的異象和負擔，選擇服侍不同的邊緣群體，例如囚犯、妓女、孤兒、寡婦、少數族裔等，表面上好像各有各做，但又是一同在做國度中的一小塊工作 [207]。推行了 20 多年的 Fresh Expressions (FX UK)，是近年英國最大的新型教會運動，轉化了不少傳統宗派，包括聖公會、循道衛理、救世軍等。創辦人 Mark Williamson 深信，首先應該由「使命」帶動，接著是「門訓」，隨後是「敬拜」，但大部分堂會都以敬拜行先，便容易被困在場地、音響、管理等瑣碎的事務上。他們現時的微型教會有不同的特徵，包括公園教會 (park church)、「污糟」教會 (messy church)、森

林教會 (forest church)、滑浪教會 (surfing church) 等等，圍繞着不同興趣、恩賜或處境，將相同使命的人聚在一起[208]。

「微型教會」不需要教堂建築物，不論什麼地方和環境，只要有人便可以聚會。在一本名為 When Not to Build 的書中，作者 Ray Bowman 與 Eddy Hall 表示，沒有建築物可能是初期教會不斷增長的祕訣[209]。McAlpine 強調初期教會無需任何教堂建築物，都可以增長得如此驚人[210]。Kreider 亦解釋，中國的地下教會在嚴厲逼迫底下高速發展的奇妙現象，是最近似初期教會的。文化大革命不但沒有阻止基督教的發展，反而令地下「微型教會」網絡持續增長，他們不需要任何教堂建築物，而是滲透在社會不同階層，不斷繁殖[211]。

194

他們創辦的「微型教會網絡」可稱為一個「使命運動」，網絡中的每一間「微型教會」都帶着獨特的使命，各有自己獨特的名稱，藉着他們的異象和負擔，選擇服侍不同的邊緣群體。[218]

神學反思:

使徒行傳的初期教會以家庭為中心,主要在信徒家中聚會,由平信徒負責帶領,以關係為本。他們一起吃飯、禱告,分享信仰的經歷,閱讀使徒寄來的信件,是一個星期七天二十四小時的信仰。信仰就等於生活,生活就是信仰,天天都要實踐,而不只是一個星期一次,只有一兩個小時的一種觀看式的宗教活動。

周輝牧師在他的《到處都是小教會》一書中解釋,「小教會」不需要有固定的聚會地點,可以在家裏、餐廳、公司、公園、學校、監獄等;帶領的是普通信徒,不需要有牧師;不會硬性規定要十一奉獻,而是實踐彼此分享的精神;不一定要舉辦佈道會或福音餐會,而是在日常與人接觸中建立關係和傳福音;目的不是要帶他們進入堂會成為會友,而是要把教會帶進人群當中,使他們成為門徒[212]。他強調「小教會」是要不斷繁殖,他比喻大教會就如大象一般,要六年才能繁殖一胎,每次只生出一隻小象,但小教會就如兔子一般,一年可以繁殖四次,每次生產四至六隻小兔,一年就有大約二十隻,小教會更加可以快速增長和靈活發展[213]。他說,「小教會」不是要讓熟悉的人在一起圍爐取暖,而是要明白小教會的基因,不斷往外看,關心身邊的人和海外宣教,並要持續培訓領袖,不斷繁殖[214]。

Jerry Pillay 指出,疫情重新將彼得前書 2 章 9 節所說的「信徒皆祭司」的理念喚醒[215]。「微型教會」不像大教會金字塔式的結構,只有最頂層的教牧及領袖負責事奉工作,其他九成以上的弟兄姊妹都只是旁觀者,以奉獻去支持他們事奉及宣教,卻無法發揮他們的恩賜。「微型教會」因為人數少,所以每個信徒都可以參與事奉,發展各人的恩賜,這樣就重新建立「信徒皆祭司」的新約理念。

實踐案例 1:

疫情之後，城市中越來越多「微型教會」誕生。有些年青人在疫情期間，先在家裏開始聚會，後來將家庭教會搬到一個共享空間，利用這個平台去接觸其他年青人，慢慢就發展成為三間「微型教會」。他們在不同時段聚會，參與的大多都是 20 多歲的年青人，其中有不少都是「信二代」，在傳統堂會長大，但不想再返回大堂會聚會。他們又開始協助其他群體建立「微型教會」，現在可以說是一個「微型教會」的小網絡。他們希望維持每間「微型教會」不要超過 20 人，他們注重敬拜祈禱、建立緊密關係和使命宣教。如此看來，這個模式都頗為適合疫情前後離開堂會的年青人。

196

實踐案例 2：

在疫情前，有些堂會已經開始禱告連結，籌辦「微型教會」。疫情的開始，令到他們更容易推動「微型教會」網路，鼓勵弟兄姊妹在不同人家中聚會。「微型教會」的精神是要建立真實關係，得著天父的啟示和屬靈權柄。而牧師的角色是負責訓練領袖，以致他們明白每個「微型教會」都要有天國任務 (kingdom assignment)，需要找到各有的召命。牧師解釋，教會好像航空母艦一樣，是弟兄姊妹加油補給的地方，他們不用停留太久，而是經過培訓後，差派到各處各自在外發展。

"The church was not closing down but rather that the church was opening up in thousands of other places." [219]

未來發展:

隨著北美「超級教會」的萎縮,「微型教會」近年的興起,疫情對城市裏的教會的衝擊,年青人流失嚴重,不少人都覺得「微型教會」就是「教會 3.0」的新模式。陳恩藩牧師在 2020 年來到香港,建立「家庭教會」網絡,但是在 2021 年頭因不獲得居留簽證而被迫離開,他解釋:「在二十一世紀的 20 年代,因為政治因素,香港未必能享有很大的信仰自由;再加上瘟疫的千變萬化,在香港建立家庭教會看來都是一個必然的方向。」[216] 周輝預期在疫情之後,「小教會運動」將會成為一股浪潮,吸引不少以往在傳統教會參加聚會的信徒加入,特別是對傳統堂會感到失望的信徒[217]。

筆者認為,「微型教會」在疫情之後將會持續發展,特別是「離堂」的年輕一代,需要有一些新模式去盛載他們,傳統堂會已經老化,被他們視為上一代的產物。因此不同模式和形態的「微型教會」在不同場景中出現,而不再是一個模式主導,是教會更新發展的一個大趨勢。

第四部分：使命運動

PART 4: missional movement

"The emerging church is taking many forms ...
No one form of church will dominate ... It will
not be the one-size-fits-all world in which most
of us have grown up." [222]

Bill Easum 在 *The Church of the Perfect Storm* 的其中一章解釋，未來教會將會不斷繁殖，並採用不同模式，以不同型態出現，沒有一種教會模式會像以往的主導未來世界 [220]。在疫情後的「新常態」下，教會不會如以往圍繞著大堂會 (megachurch) 一個吸引性的模式，即所謂「教會 2.0」。而是因著這幾年疫情的衝擊，教會出現了「使命轉移」，驅使教會群體不斷更新轉化，開展了「教會 3.0」。城市裡的教會群體開始出現百花齊放，不同形態，不同規模，在不同場景中出現，服侍不同人士，回應大環境的不斷變化。

筆者將書中提及的 7 個類別和 19 個模式的教會群體，總結為以下的圖畫（見圖 6），由左面「教會 2.0」的第一類（沒有改造的堂會）開始。經過「使命轉移」，去到右面的「教會 3.0」使命性的模式，出現了第二類（改造部分堂會）和第三類（改造整體堂會）。這兩類都是可見的，有堂會型態的，發生在「牆內」的使命空間。

虛線以下的是在堂會以外所建立，是不可見的，無堂會型態的，發生在「牆外」的使命空間，包括第四類（營商和堂會一起）、第五類（營商在堂會以外）和第六類（獨立營商），還有第七類（另類群體）所產生「另類」的使命空間。有部分信徒會遊走於虛線上下，可能週末是活躍於上面的「牆內」的空間，平日便在下面「牆外」的商業、社區、家庭、學校等空間活動，接觸非信徒，在不同的場景與他們互動，用基督教文化影響

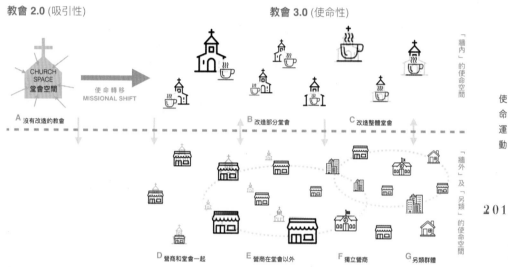

教會 2.0 (吸引性)　　　　　　　　　　　教會 3.0 (使命性)

CHURCH SPACE
堂會空間

使命轉移
MISSIONAL SHIFT

A 沒有改造的教會　　　　　　　　　　B 改造部分堂會　　　C 改造整體堂會

「牆內」的使命空間

「牆外」及「另類」的使命空間

D 營商和堂會一起　　E 營商在堂會以外　　F 獨立營商　　G 另類群體

圖 6：教會未來發展模式　　　　　　　　　　　　　　　　　　王緯彬

他們的生命，無形中便將教會帶入人群當中；亦有些信徒不想繼續留在傳統堂會以內，便全時間在虛線以下的空間活動，或許是參與一些「牆外」的或「另類」的群體和聚會。又開始見到有部分第四、五、六、七類的空間和群體開始聯繫，形成使命群體或微型教會的網絡，彼此支援和連結。不是說所有信徒都要走在堂會的「牆外」，而是上下雙線都可以有不同的發展，互補不足，服侍不同人的需要。教會的未來可以說是比以往更豐富，「牆內」或「牆外」的都可以是教會群體，各有不同的場景和對象，回應不同的需要，最重要的是上帝的宣教使命可以得到實踐！

筆者的研究，在這幾年 COVID-19 疫情的陰霾下，見證着不少堂會的「使命轉移」，建立「使命空間」，達成「使命實踐」，最後是城市裏「使命運動」的出現。在一本名為 *Red Skies: 10 Essential Conversations Exploring Our Future as the Church* 的書其中一章，Rich Robinson 解釋，耶穌開展的「教會」原本是一個「運動」，但卻變成了一個「宗教建制」，一個被現今社會視為過時的制度。「運動」的意思是要不斷改變世界，轉化社會的不同階層，但在過往的一千多年裏，我們的「教會」卻無法帶來世界性的影響[221]。經歷了這幾年疫情帶給全球的動盪，筆者深信神的心意是要推動「教會」全面改革，打破現有僵化的制度，重啟二千年前耶穌建立「教會」的使命，將「教會」重新塑造成為一個轉化城市的「使命運動」。

參考書目

Adamson, Dave. *Metachurch: How to Use Digital Ministry to Reach People and Make Disciples.* Cumming, GA: Orange, 2022.

Bakke, Ray. *A Theology as Big as the City.* Downers Grove: IVP Academic, 1997.

Barna, George. *Futurecast: What Today's Trends Mean for Tomorrow's World.* Austin: BarnaBooks, 2011.

Bosch, David J. *Transforming Mission.* Maryknoll: Orbis Books, 1991.

Bowman, Ray, and Eddy Hall. *When Not to Build: An Architect's Unconventional Wisdom for the Growing Church.* Grand Rapids: Baker Books, 2002.

Broweleit, Matt. *Out of the 4th Place.* Seattle: Back Deck Books, 2018.

Brueggemann, Walter. *The Land: Place as Gift, Promise, and Challenge in Biblical Faith. 2nd ed.* Minneapolis: Fortress Press, 2002.

Chan, Francis. *Letters to The Church.* Colorado Springs: David C Cook., 2018.

Charmaz, Kathy. *Constructing Grounded Theory,* 2nd Edition. London: Sage Publications, 2014.

Cole, Neil. *Church 3.0 : Upgrades for the Future of the Church.* New York: John Wiley & Sons Inc., 2010.

Danielson, Robert A. *The Social Entrepreneur: The Business of Changing the World.* Franklin: Seedbed Publishing, 2015.

Deymaz, Mark. *The Coming Revolution in Church Economics: Why Tithes and Offerings Are No Longer Enough, and What You Can Do About It.* Grand Rapids: BakerBooks, 2019.

Effa, Allan. "Pub Congregations, Coffee House Communities, Tall-Steeple Churches, and Sacred Space: The Missional Church Movement and Architecture." Missiology: An International Review Vol. 43(4) (2015): 373–384.

Elsdon, Mark. *We Aren't Broke: Uncovering Hidden Resources for Mission and Ministry.* Grand Rapids: Wm. B. Eerdmans Publishing Co., 2021.

Frost, Michael. *The Road to Missional: Journey to the Center of the Church.* Grand Rapids: Baker Books, 2011.

Frost, Michael, and Alan Hirsch. *The Shaping of Things to Come: Innovation and Mission for the 21st Century Church.* Grand Rapids: BakerBooks, 2013.

Giles, Richard. *Re-Pitching the Tent: Re-Ordering the Church Building for Worship and Mission.* Norwich: Canterbury Press, 1990.

Glaser, Barney, and Anslem Strauss. *The Discovery of Grounded Theory: Strategies for Qualitative Research.* Somerset: Taylor & Francis Inc, 2000.

Goheen, Michael W. *A Light to the Nations: The Missional Church and the Biblical Story.* Grand Rapids: Baker Academics, 2011.

Gorringe, T. J. *A Theology of the Built Environment: Justice, Empowerment, Redemption.* New York: Cambridge University Press, 2002.

Gort, Gea, and Mats Tunehag. *BAM Global Movement: Business as Mission Concepts & Stories.* Peabody: Hendrickson Publishers Marketing LLC, 2018.

Green, Laurie. *Let's Do Theology: Resources for Contextual Theology.* London: Bloombury Publishing, 2009.

Hirsch, Alan. *The Forgotten Ways: Reactivating the Missional Church*. Grand Rapids: Brazos Press, 2006.

_____. *Metanoia: How God Radically Transforms People, Churches, and Organizations From the Inside Out*. Cody, Wyoming: 100 Movements Publishing, 2023.

Isaac, Munther. *From Land to Lands: from Eden to the Renewed Earth*. Carlisle: Langham Monographs, 2015.

_____. "From Land to Lands, from Eden to the Renewed Earth: A Christ-centered Biblical Theology of the Promised Land." Doctor of Philosophy dissertation, Middlesex University, March 2014.

Keller, Timothy. *Center Church: Doing Balanced, Gospel-Centered Ministry in Your City*. Grand Rapids: Zondervan, 2012.

_____. "The Missional Church." Accessed on September 28, 2021. http://download.redeemer.com/pdf/learn/resources/Missional_Church-Keller.pdf.

Kreider, Larry. *Micro Church Networks: A Church for a New Generation*. Lititz, PA: House to House Publications, 2020.

Küng, Hans. *The Church*. Garden City: Image Books, 1967.

Linthicum, Robert C. *Transforming Power: Biblical Strategies for Making a Difference in Your Community*. Illinois: InterVarsity Press, 2003.

Liubinskas, Susann. "The Body of Christ in Mission: Paul's Ecclesiology and the Role of the Church in Mission." Missiology: An International Review 41(4) (2013): 402–415.

Loveland, Anne C., and Otis B. Wheeler. *From Meetinghouse to Megachurch: A Material and Cultural History*. Columbia: University of Missouri Press, 2003.

McAlpine, William R. *Sacred Space for the Missional Church: Engaging Culture through the Built Environment*. Eugene: Wipe and Stock Publishers, 2011.

_____. "The Role of the Built Environment in Fulfilling the Mission of the Church towards a Missional Theology of Sacred Space." Doctor of Philosophy Dissertation, University of Aberdeen, 2006.

Mpofu, Buhle. "Transversal Modes of Being a Missional Church in the Digital Context of COVID-19." HTS Teologiese Studies/Theological Studies 77(4), a6341 (2021): 1–6.

Mueller, Paul. "Sacramental Theology and the Third Place." Missio Apostolica Volume XXI, No.1 (41) (May 2013): 84–93.

_____. "Some Thoughts about the Attractional, Sending, and Engaged Church." Missio Apostolica Volume XIX, No.2 (38) (November 2011): 123–134.

Newbigin, Lesslie. *Sign of the Kingdom*. Grand Rapids: Eerdmans, 1980.

Oldenburg, Ray. *Celebrating the Third Place: Inspiring Stories about the Great Good Places at the Heart of our Communities*. New York: Marlowe and Company, 2001.

_____. *The Great Good Place*. Cambridge: Da Copo, 1989.

Pier, Mac. *A Disruptive Gospel: Stories and Strategies for Transforming Your City*. Grand Rapids: Baker Publishing Group, 2016.

Pillay, Jerry. "COVID-19 Shows the Need to Make Church More Flexible." Transformation Vol. 37(4) (2020): 266–275.

Plummer, Jo, and Mats Tunehag. *Business as Mission in and from China: BAM Think Tank China Regional Group Report*. BAM Think Tank, 2014.

Poon, Shek Wing Louis. "Designing One-flat Church as Small Scale Community Space in Densely Populated Urban Environment to Perform Both Sacred and Contemporary Functions." PhD Dissertation, The Hong Kong Polytechnic University, 2013.

Prebble, Edward. "Missional Church: More a Theological (Re)discovery, Less a Strategy for Parish Development." Colloquium 46/2 (2014): 224–241.

"Preliminary Report on 'Churched & Dechurched' Survey." Ray Bakke Centre for Urban Transformation. Accessed on Feb 18, 2021. http://rbc.bethelhk.org/index.php?option=com_content&view=article&id=346&lang=zh.

Rainer, Thom S. The Post Quarantine Church: Six Urgent Challenges and Opportunities That Will Determine the Future of Your Congregation. Carol Stream, Illinois: Tyndale Momentum, 2020.

Reiners, Johan. The Church Out and About: Missio Dei for a Post-Covid World. Independently Published, 2021.

Rice, Doug. "Starbucks and the Battle for Third Place." Gatton Student Research Publication Volume 1, Number 1 (2009): 30–41.

Roxburgh, Alan J. Missional: Joining God in the Neighborhood. Grand Rapids: Baker, 2011.

_____. Structured for Mission: Renewing the Culture of the Church. Downers Grove: InterVarsity Press, 2015.

Rundle, Steve. "'Business As Mission' Hybrids: A Review and Research Agenda." Invited Articles Business As Mission Vol 15 No 1 (2012), 66–79.

Sanders, Brian. Microchurches: A Smaller Way. Bridport: Underground Media, 2019.

Silvoso, Ed. Ekklesia: Rediscovering God's Instrument for Global Transformation. Grand Rapids: Baker Publishing Group, 2017.

Smith, L. Rowland. Red Skies: 10 Essential Conversations Exploring Our Future as the Church. Cody, Wyoming: 100 Movements Publishing, 2022.

Snyder, Howard A. Liberating the Church: The Ecology of Church and Kingdom. Eugene: Wipf and Stock Publishers, 1996.

_____, and Daniel V. Runyon. Decoding the Church: Mapping the DNA of Christ's Body. Eugene: Wipe and Stock Publishers, 2011.

Stetzer, Ed, and Thom S. Rainer. Transformational Church: Creating a New Scorecard for Congregations. Nashville: B&H Publishing Group, 2010.

Swagerty, Lois. "Third Places Comes to Church." Leadership Network (2008): 1–9.

Sweet, Leonard. Rings of Fire: Walking in Faith through a Volcanic Future. Colorado Springs: NavPress, 2019.

_____. Soul Tsunami: Sink or Swim in New Millennium Culture. Grand Rapids: Zondervan, 1999.

_____, ed. The Church of the Perfect Storm. New York: Abingdon Press, 2008.

Swinton, John, and Harriet Mowat. Practical Theology and Qualitative Research. London: SCM Press, 2016.

Thiessen, Joel, and Bill McAlpine. "Sacred Space: Function and Mission from a Sociological and Theological Perspective." International Journal for the Study of the Christian Church Volume 13, Issue 2 (2013): 133–146.

Tidsworth Mark E. Shift: Three Big Moves for the 21st Century Church. Pinnacle Leadership Press, 2015.

Turner, Victor, and Edith L. B. Turner. Image and Pilgrimage in Christian Culture. New York: Columbia University Press, 1978.

Van Gelder, Craig. "From Corporate Church to Missional Church: The Challenge Facing Congregations Today." Review and Expositor 101 (Summer 2004): 425–450.

Whitesel Bob. *Growing the Post-pandemic Church*. Independently Published, 2020.

Woodward, J. R. and Dan White Jr. *The Church as Movement: Starting and Sustaining Missional-Incarnational Communities*. Downers Grove: InterVarsity Press, 2016.

Wright, Christopher J.H. *The Mission of God: Unlocking the Bible's Grand Narrative*. Downers Grove: Intervarsity Press, 2006.

_____. *The Mission of God's People: A Biblical Theology of the Church's Mission*. Grand Rapids: Zondervan, 2010.

呂宇俊。《從轉化式學習理論探究「個人與堂會」的轉化歷程 – D.Min. 畢業論文》。香港：柏祺城市轉化中心， 2020。

李志剛。《基督教與香港早期社會》。香港：三聯書店有限公司，2012。

周輝。《到處都是小教會》。香港：天梯使團，2020。

紀治興、陳國芳、吳志海、郭偉聯。《從踐信於行到踐行致知》。香港：豐盛社企學會有限公司，2017。

胡志偉、劉梓濠。《處境劇變下的牧養更新 – 香港教會研究 2014》。香港：香港教會更新運動，2014。

_____。《2019 香港教會普查簡報》。香港：香港教會更新運動，2020。

胡志偉、陳嬋鳳。《反修例運動中之教會》。香港：香港教會更新運動，2019。

_____。《風雨中的牧養堅持》。香港：香港教會更新運動，2018。

施慧玲。《禧房錦囊》。香港：基督教關懷無家者協會，2019。

郭偉聯。《自保與關懷 – 香港教會的社會及政治參與》。香港：宣道出版社， 2014。

梁國全、劉梓濠。《應對時勢。教會更新 – 香港教會研究 2019》。香港：香港教會更新運動，2021。

陳淑娟。《教會無牆的震撼轉化》。香港：基道出版社，2020。

馬秀娟。《由 1 到 726——結網轉化攻略》。香港：教會關懷貧窮網絡，2020。

劉紹麟。《解碼香港基督教與社會脈絡》。香港：基督教文藝出版社， 2018。

楊錫鏘。《召命：以生命回應神的召喚》。香港：福音證主協會，2017。

注釋

1　Kathy Charmaz, *Constructing Grounded Theory*, 2nd Edition (London: Sage Publications, 2014), 12.

2　胡志偉，「本週評論：「弱不經風」的香港教會」，香港教會更新運動，2022 年 4 月 26 日存取，https://hkchurch.wordpress.com/2020/06/04/.

3　Ibid.

4　Jillian Melchior, "Hong Kong's Spiritual Battle," WSJ Editorial, accessed on Feb 2, 2021, https://www.wsj.com/articles/hong-kongs-spiritual-battle-11571351877.

5　麥世賢，「反修例運動一週年回顧系列」分色牧養. 極簡家庭教會. 平信徒運動. 亂世中的牧養對策. 專訪王礽福, accessed March 8, 2022, https://christiantimes.org.hk/Common/Reader/News/ShowNews.jsp?Nid=162800&Pid=2&Version=1716&Cid=1145&Charset=big5_hkscs.

6　"Preliminary Report on 'Churched & Dechurched' Survey," Ray Bakke Centre for Urban Transformation, accessed on Feb 18, 2021, http://rbc.bethelhk.org/index.php?option=com_content&view=article&id=346&lang=zh.

7　胡志偉、劉梓濠，《處境劇變下的牧養更新 – 香港教會研究 2014》（香港：香港教會更新運動，2014）.

8　"Preliminary Report on 'Churched & Dechurched' Survey."

9　Ibid.

10　陳韋安，「香港人的神學：談教會的去大台文化」，accessed August 10, 2021, https://christiantimes.org.hk/Common/Reader/News/ShowNews.jsp?Nid=165079&Pid=2&Version=1752&Cid=2248&Charset=big5_hkscs.

11　《2021 逆境中香港教會跟進研究簡報》（香港：香港教會更新運動，2021），6.

12　Ibid, 13.

13　「疫情中的教會牧養及網上崇拜 問卷調查初步結果」，伯特利神學院柏祺城市轉化中心，accessed April 4, 2021, http://rbc.bethelhk.org/index.php?option=com_content&view=article&id=432&Itemid=648&lang=zh.

14　Ibid.

15　高思憫、麥嘉殷，「疫下教會牧養網上崇拜調查 大洗牌？ 網絡牧養？ 取消網崇？」，伯特利神學院柏祺城市轉化中心，accessed April 21, 2021, https://christiantimes.org.hk/Common/Reader/News/ShowNews.jsp?Nid=163805&Pid=2&Version=1732&Cid=589&Charset=big5_hkscs.

16　《2021 逆境中香港教會跟進研究簡報》，28.

17　Ibid, 7.

18　Ibid, 23.

19　Ibid, 22.

20　Neil Cole, *Church 3.0 : Upgrades for the Future of the Church* (New York: John Wiley & Sons Inc., 2010), 5.

21　Cole, *Church 3.0*, 5.

22　Ibid, 11.

23　Ibid, 47.

24　周輝，《到處都是小教會》（香港：天梯使團，2020），61.

25　Alan Hirsch, *The Forgotten Ways: Reactivating the Missional Church* (Grand Rapids: Brazos Press, 2006), 129.

26 Michael Frost and Alan Hirsch, *The Shaping of Things to Come: Innovation and Mission for the 21st Century Church* (Grand Rapids: Baker Books, 2013), 59.

27 Michael W. Goheen, *A Light to the Nations: The Missional Church and the Biblical Story* (Grand Rapids: Baker Academics, 2011), 4.

28 Ibid.

29 Ibid.

30 Johan Reiners, *The Church Out and About: Missio Dei for a Post-Covid World* (Independently Published, 2021), 34.

31 Reiners, *The Church Out and About*, 8.

32 Jerry Pillay, "COVID-19 Shows the Need to Make Church More Flexible," Transformation 2020, Vol. 37(4), 269.

33 Ibid.

34 Cole, *Church 3.0*, 11.

35 Pillay, 269.

36 Reiners, *The Church Out and About*, 4.

37 "Oxford Languages," accessed August 15, 2021, https://languages.oup.com/google-dictionary-en/.

38 Hirsch, *The Forgotten Ways*, 37.

39 Ibid.

40 Maura Judkis, "Did you buy that latte 2 hours ago? Think about leaving the coffee shop," accessed February 3, 2022, https://www.washingtonpost.com/lifestyle/style/you-ordered-that-latte-two-hours-ago-think-about-leaving-the-coffee-shop/2015/07/08/caa597bc-19ef-11e5-bd7f-4611a60dd8e5_story.html?tid=pm_pop_b.

41 Ray Oldenburg, "Project for Public Spaces," accessed February 3, 2022, https://www.pps.org/article/roldenburg.

42 Ken Carter and Audrey Warren, "Networks and Third Places are Today's Mission Field," accessed February 3, 2022, https://www.churchleadership.com/leading-ideas/networks-third-places-todays-mission-field/.

43 Doug Rice, "Starbucks and the Battle for Third Place," Gatton Student Research Publication Volume 1, Number 1 (2009): 33.

44 Lois Swagerty, "Third Places Comes to Church," Leadership Network, 2008, 2.

45 "Engaging Third Places," Missional Church Network, accessed June 12, 2021, https://www.missionalchurchnetwork.com/blog/engaging-third-places.

46 Ibid.

47 Walter Brueggemann, *The Land: Place as Gift, Promise, and Challenge in Biblical Faith*, 2nd ed. (Minneapolis: Fortress Press, 2002), 61.

48 Munther Isaac, *From Land to Lands: from Eden to the Renewed Earth* (Carlisle: Langham Monographs, 2015), 362.

49 Mark E. Tidsworth, *Shift: Three Big Moves for the 21st Century Church* (Pinnacle Leadership Press, 2015), 18.

50 Mark Deymaz, *The Coming Revolution in Church Economics: Why Tithes and Offerings Are No Longer Enough, and What You Can Do About It* (Grand Rapids: BakerBooks, 2019), 222.

51 Goheen, *A Light to the Nations*, 9.

52 Frost and Hirsch, *The Shaping of Things to Come*, 22.

53　Ibid.

54　Alan J. Roxburgh, *Structured for Mission: Renewing the Culture of the Church* (Downers Grove: InterVarsity Press, 2015), 52.

55　Brian Sanders, *Microchurches: A Smaller Way* (Bridport: Underground Media, 2019), 17.

56　Elsdon, *We Aren't Broke*, 24–25.

57　Goheen, *A Light to the Nations*, 9.

58　Deymaz, *The Coming Revolution in Church Economics*, 51.

59　Mark Elsdon, *We Aren't Broke: Uncovering Hidden Resources for Mission and Ministry* (Grand Rapids: Wm. B. Eerdmans Publishing Co., 2021), 24–25.

60　Isaac, *From Land to Lands*, 53.

61　Ibid, 33.

62　Brueggemann, *The Land*, 70.

63　Ibid, 57.

64　Ibid, 70.

65　Brueggemann, *The Land*, 70.

66　Deymaz, *The Coming Revolution in Church Economics*, 51.

67　馬秀娟，《由 1 到 726──結網轉化攻略》（香港：教會關懷貧窮網絡，2020），25–26.

68　Ibid.

69　Thom S. Rainer, *The Post Quarantine Church: Six Urgent Challenges and Opportunities That Will Determine the Future of Your Congregation* (Carol Stream, Illinois: Tyndale Momentum, 2020), 19.

70　Deymaz, *The Coming Revolution in Church Economics*, 51.

71　Matt Broweleit, *Out of the 4th Place* (Seattle: Back Deck Books, 2018), 209.

72　Broweleit, *Out of the 4th Place*, 209.

73　Rainer, *The Post Quarantine Church*, 74.

74　Brueggemann, *The Land*, 3.

75　Broweleit, *Out of the 4th Place*, 209.

76　"Choosing a New Church or House of Worship," accessed September 29, 2021, https://www.pewforum.org/2016/08/23/choosing-a-new-church-or-house-of-worship/?utm_source=August+26%2C+2016&utm_campaign=august+26&utm_medium=email.

77　J. R. Woodward and Dan White Jr., *The Church as Movement: Starting and Sustaining Missional-Incarnational Communities* (Downers Grove: InterVarsity Press, 2016), 212.

78　Alan Hirsch, *Metanoia: How God Radically Transforms People, Churches, and Organizations From the Inside Out* (Cody, Wyoming: 100 Movements Publishing, 2023), 108.

79　Hirsch, *Metanoia*, 127.

80　Roxburgh, *Structured for Mission*, 146.

81 Woodward and White, *The Church as Movement*, 23.

82 Christopher J. H. Wright, *The Mission of God: Unlocking the Bible's Grand Narrative* (Downers Grove: Intervarsity Press, 2006), 25.

83 Isaac, *From Land to Lands*, 90.

84 Ibid, 370.

85 Ibid, 368.

86 Ibid.

87 Ibid, 366.

88 Hans Küng, *The Church* (Garden City: Image Books, 1967), 160.

89 Goheen, *A Light to the Nations*, 49.

90 Ibid, 49.

91 Bruggemann, *The Land*, 4–5.

92 Ibid, 10.

93 Ibid, 364.

94 Ibid, 199.

95 Isaac, *From Land to Lands*, 119.

96 Dave Adamson, *Metachurch: How to Use Digital Ministry to Reach People and Make Disciples* (Cumming, GA: Orange,2022), 60.

97 Adamson, *Metachurch*, 67.

98 Rainer, *The Post Quarantine Church*, 28–29.

99 Caleb Lines, *The Great Digital Commission: Embracing Social Media for Church Growth and Transformation* (Eugene, Oregon: Cascade Books, 2021), 9.

100 Hirsch, *Metanoia*, 13.

101 George Barna, *Futurecast: What Today's Trends Mean for Tomorrow's World* (Austin, TX: BarnaBooks, 2011), 198.

102 Cole, *Church 3.0*, 4.

103 Leonard Sweet, *Soul Tsunami: Sink or Swim in New Millennium Culture* (Grand Rapids, MI: Zondervan, 1999), 75.

104 Sweet, *Soul Tsunami*, 91.

105 Reiners, *The Church Out and About*, 66.

106 Elsdon, *We Aren't Broke*, 24–25.

107 Hirsch, *Metanoia*, 7.

108 Woodward and White, *The Church as Movement*, 107.

109 Ibid, 212.

110 Howard Snyder, *Liberating the Church: The Ecology of Church and Kingdom* (Eugene: Wipf and Stock Publishers, 1996), 11.

111   Mac Pier, *A Disruptive Gospel: Stories & Strategies for Transforming Your City* (Grand Rapids: Baker Books, 2016), 10–11.

112   呂宇俊，《從轉化式學習理論探究「個人與堂會」的轉化歷程－D.Min. 畢業論文》（香港：柏祺城市轉化中心，2020），49–51.

113   Pier, *A Disruptive Gospel*, 47.

114   Hirsch, *The Forgotten Ways*, 38.

115   William McAlpine, *Sacred Space for the Missional Church: Engaging Culture through the Built Environment* (Eugene: Wipf and Stock Publishers, 2011), 3.

116   Reggie McNeal, *Missional Communities: The Rise of the Post-Congregational Church* (San Francisco: Jossey-Bass, 2011), 45.

117   Rainer, *The Post Quarantine Church*, 81.

118   Wright, *The Mission of God*, 67.

119   Ibid, 22.

120   Ibid.

121   David J. Bosch, *Transforming Mission* (Maryknoll: Orbis Books, 1991), 389–390.

122   Bosch, *Transforming Mission*, 389–390.

123   Wright, *The Mission of God*, 62.

124   Frost and Hirsch, *The Shaping of Things to Come*, 34.

125   McAlpine, *Sacred Space for the Missional Church*, 3.

126   Rainer, *The Post Quarantine Church*, 81.

127   Ibid.

128   Heather Riggleman, "What Is Gleaning in the Bible? Does it Still Apply Today?" accessed April 24, 2021, https://www.christianity.com/wiki/bible/what-is-gleaning-in-the-bible.html.

129   Leonard Sweet, *Rings of Fire: Walking in Faith through a Volcanic Future* (Colorado Springs: NavPress, 2019), 251.

130   Isaac, *From Land to Lands*, 370.

131   Ibid.

132   Ed Silvoso, *Ekklesia* (Grand Rapids: Chosen Books, 2017), 25.

133   Silvoso, *Ekklesia*, 27–28.

134   Woodward and White, *The Church as Movement*, 144.

135   Goheen, *A Light to the Nations*, 162.

136   Silvoso, *Ekklesia*, 25.

137   "Watch Tim Keller Talk about Creation, Creativity, and Entrepreneurship," accessed February 20, 2022, https://tifwe.org/resource/watch-tim-keller-talk-about-creation-creativity-and-entrepreneurship/.

138   Gea Gort and Mats Tunehag, *BAM Global Movement: Business as Mission Concepts & Stories* (Peabody: Hendrickson Publishers Marketing LLC, 2018), 96.

139   Gort and Tunehag, *BAM Global Movement*, 3.

140　Ibid, 46.

141　Ibid, 147.

142　Tommy Brooksbank, "Seoul's Trendy Cafe Churches Cater to Korea's Youth," Christianity Daily, http://www.christianity-daily.com/articles/9160/20180430/seouls-trendy-cafe-churches-cater-to-koreas-youth.htm.

143　Gort and Tunehag, *BAM Global Movement*, 195.

144　Deymaz, *The Coming Revolution in Church Economics*, 224–225.

145　Ibid, 274.

146　Broweleit, *Out of the 4th Place*, 46.

147　Ibid, 47.

148　Frost and Hirsch, *The Shaping of Things to Come*, 275.

149　Ibid, 190.

150　Broweleit, *Out of the 4th Place*, 8.

151　Ibid, 93.

152　Frost and Hirsch, *The Shaping of Things to Come*, 190.

153　Broweleit, *Out of the 4th Place*, 31.

154　Ibid, 47.

155　Ibid, 31.

156　Frost and Hirsch, *The Shaping of Things to Come*, 42.

157　Ibid, 48.

158　Ibid.

159　楊錫鏘，《召命：以生命回應神的召喚》（香港：福音證主協會，2017），25。

160　Ibid.

161　Hirsch, *Metanoia*, 148.

162　Ibid, 145.

163　Ibid, 164.

164　Ibid, 152.

165　Ibid, 145.

166　Ibid, 13.

167　Sanders, *Microchurches*, 17.

168　Ibid, 27.

169　Francis Chan, *Letters to The Church* (Colorado Springs: David C Cook., 2018), 153–154.

170　Chan, *Letters to The Church*, 153–154.

171   Ibid.

172   Munther Isaac, "From Land to Lands, from Eden to the Renewed Earth: A Christ-centered Biblical Theology of the Promised Land," Doctor of Philosophy Dissertation, Middlesex University, March 2014, 69.

173   Brueggemann, *The Land*, 80–81.

174   Isaac, *From Land to Lands*, 71.

175   Cole, *Church 3.0*, 6.

176   Larry Kreider, *Micro Church Networks: A Church for a New Generation* (Lititz, PA: House to House Publications, 2020), 22.

177   Chan, *Letters to The Church*, 153–154.

178   Hirsch, *Metanoia*, 13.

179   "2018 Revision of World Urbanization Prospects," accessed July 22, 2023, https://www.un.org/en/desa/2018-revision-world-urbanization-prospects#:~:text=Today, 55% of the world's,increase to 68% by 2050.

180   Ray Bakke, *A Theology as Big as the City* (Downers Grove: IVP Academic, 1997), 13.

181   Deokjong Bang, "A Church Planting Church in South Korea: A Case Study on Missional Outreach" (Doctor of Ministry Dissertation, Liberty University School of Divinity, April 2017), 20.

182   Wright, *The Mission of God*, 22–23.

183   Bakke, *A Theology as Big as the City*, 13.

184   Hirsch, *The Forgotten Ways*, 145.

185   Ibid, 145.

186   Ibid.

187   Robert C. Linthicum, *Transforming Power: Biblical Strategies for Making a Difference in Your Community* (Illinois: InterVarsity Press, 2003), 36.

188   Linthicum, *Transforming Power*, 36.

189   Ibid, 39.

190   Ibid, 38.

191   Pier, *A Disruptive Gospel*, 55.

192   Ibid, 145.

193   Sweet, *Soul Tsunami*, 410.

194   Ibid., 416.

195   Isaac, *From Land to Lands*, 201.

196   Ibid, 218.

197   Victor Turner and Edith L. B. Turner, *Image and Pilgrimage in Christian Culture* (New York: Columbia University Press, 1978), 249–250.

198   Turner and Turner, *Image and Pilgrimage in Christian Culture*, 156.

199   Ibid.

200   Sweet, *Soul Tsunami*, 410.

201   Kate Shellnutt, "Americans' Return to Church Has Plateaued," accessed on September 16, 2022, https://www.christianity-today.com/news/2022/march/return–to–church–plateau–in–person–virtual–pew–research.htm.

202   Justin Nortey, "More houses of worship are returning to normal operations, but in–person attendance is un-changed since fall," accessed September 18, 2022, https://www.pewresearch.org/fact–tank/2022/03/22/more-houses-of-worship-are-returning-to-normal-operations-but-in-person-attendance-is-unchanged-since-fall/?utm_source=AdaptiveMailer&utm_medium=email&utm_campaign=REL%20–%2022-03–22%20Worship%20attendance&org=982&lvl=100&ite=9703&lea=2048393&ctr=0&par=1&trk=a0D3j000011209dEAE.

203   Hirsch, *Metanoia*, 13.

204   Bob Whitesel, *Growing the Post-pandemic Church* (Independently Published, 2020), 67.

205   Sanders, *Microchurches*, 34.

206   Ibid, 27.

207   "Underground People Documentary," https://www.youtube.com/watch?v=59I0sXzaT6o, accessed August 12, 2023.

208   "Fresh Expressions Forum, Hong Kong," August 11, 2023.

209   Ray Bowman and Eddy Hall, *When Not to Build: An Architect's Unconventional Wisdom for the Growing Church* (Grand Rap-ids: Baker Books, 2002), 113.

210   McAlpine, *Sacred Space for the Missional Church*, 155.

211   Kreider, *Micro Church Networks*, 48.

212   Ibid, 62.

213   Ibid, 66.

214   Ibid, 104

215   Pillay, 272.

216   周輝，《到處都是小教會》，82。

217   Ibid, 103.

218   "Underground People Documentary," https://www.youtube.com/watch?v=59I0sXzaT6o, accessed August 12, 2023.

219   Hirsch, *Metanoia*, 13.

220   Leonard Sweet, ed., *The Church of the Perfect Storm* (New York: Abingdon Press, 2008), 92.

221   L. Rowland Smith, *Red Skies: 10 Essential Conversations Exploring Our Future as the Church* (Cody, Wyoming: 100 Move-ments Publishing, 2022), 150.

222   Sweet, *The Church of the Perfect Storm*, 92.

作者其他書籍

《教會。空間。轉型：24 個使命空間的創意實踐》

在新常態下，教會見到信徒流失，舊模式不再有效，都覺得是時候要更新轉化。其實很多教會經歷了這兩年疫情的洗禮，無形中已經由關心教會內部事務和自己的會友，變成關心社區，關注教會外面街坊的需要，由內向型的教會轉化到面向社區，重拾宣教使命，有人稱這現象為「使命轉移」。

所謂「使命空間」，就是從轉化教會室內空間開始的使命實踐，將教會的空間推到外面，進入社區、職場、家庭，甚至進到社交平台、虛擬空間等，將基督教文化和影響力，擴展到不同空間領域，實踐神的使命。

https://www.logos.com.hk/bf/acms/content.asp?site=logosbf&op=show&type=product&code=IB943

Missional Space: Reinventing Space Inside + Outside of the Church

"Missional Space" implies creating innovative spaces or opportunities for believers to move beyond the "four walls" of the church in order to interact and to build meaningful relationships with non-believers. Through scrutinizing the utilization of space of the church, one of the most valuable assets entrusted by God, this book reminds believers to rediscover the lost vision of the mission of the church in their local context and to reimagine their "Missional Space." Through a spectrum of examples of different churches and communities, this book inspires local churches to be creative in reinventing their "Missional Space," both inside as well as outside of the church, and to be effective in realization of the mission of God, in the midst of the challenges of the new normal.

https://www.amazon.com/Missional-Space-Reinventing-Inside-Outside/dp/9887681105

I believe in the *value,*
passion
and beauty
in press.

vision
in
press

I believe in the value,
passion'
and beauty
in press.

vision
in
press